LE PRINCIPE

DE

NON-INTERVENTION

ET SES APPLICATIONS

LE PRINCIPE

DE

NON-INTERVENTION

ET SES APPLICATIONS

PAR

L.-B. HAUTEFEUILLE

Ancien avocat au Conseil d'Etat et à la Cour de cassation.

PARIS

IMPRIMERIE DE JOUAUST ET FILS

RUE SAINT-HONORÉ, 338

1863

LE PRINCIPE

DE

NON-INTERVENTION

ET SES APPLICATIONS

Au nombre des règles internationales qui, dérivées immédiatement de la loi primitive ou divine, ont été acceptées par tous les peuples civilisés de l'univers et sanctionnées par la loi secondaire ou conventionnelle, on doit compter *le principe de non-intervention.* Dès les temps les plus reculés et aussitôt que les nations modernes commencèrent à se former, ce principe tutélaire fut invoqué par tous les gouvernements. Depuis, son application n'a pas cessé d'être réclamée par toutes les nations; aujourd'hui encore, et plus que jamais peut-être, cette loi est tous les jours mise en avant par la presse périodique, par les orateurs dans les parlements et par les souverains eux-mêmes. Les nations faibles réclament sa complète et impartiale exécution; les puissantes protestent du profond respect qu'elles professent pour un principe aussi indispensable au bonheur des sociétés humaines.

Tous les États sont d'accord pour reconnaître et acclamer le principe : il semble donc qu'il ne peut s'élever aucune difficulté sur son exécution ; mais dès qu'il faut arriver à l'application, l'accord cesse, les plus graves difficultés surgissent. Il nous a paru que cette contradiction avait surtout sa source dans le vague qui entoure encore le principe lui-même, et que le plus sûr moyen de la faire cesser était de déterminer autant que possible sa portée et son étendue, et d'arriver ainsi à signaler les faits qu'elle défend et ceux qu'elle permet. Nous ne nous dissimulons pas les difficultés d'une étude si simple en apparence; mais nous pensons qu'elle pourra être utile. D'ailleurs, si nous ne réussissons pas à atteindre le but proposé, nous aurons du moins ouvert et frayé la route à d'autres qui pourront enfin tracer aux puissances humaines une ligne de conduite plus sûre et plus conforme aux devoirs qui leur sont imposés par Dieu lui-même.

Pour donner plus de clarté et de précision à notre travail, nous rechercherons d'abord dans la loi primitive ou divine les origines et autant que possible l'étendue du principe de non-intervention. Nous demanderons ensuite les mêmes enseignements à la loi secondaire, c'est-à-dire aux usages adoptés par tous les peuples civilisés, et aux traités solennels conclus par eux. Aidés par les écrits des auteurs qui nous ont précédé, nous nous efforcerons de préciser la règle, de déterminer les cas où l'immixtion d'une nation dans les actes d'une autre nation constitue une violation du devoir de non-intervention, et ceux où cette immixtion est un droit pour tous les peuples sans exception; nous signalerons la différence immense qui sépare l'intervention matérielle, c'est-à-dire l'emploi de la force, de ce que, pour nous conformer à l'usage reçu, nous appelerons l'intervention morale ou diplomatique; enfin nous énoncerons de quelle manière, à notre avis, le principe doit être appliqué dans les questions si graves qui aujourd'hui préoccupent tous les peuples de l'univers. Pour compléter la démonstration de la vérité, nous serons forcé de citer des faits et de rechercher les causes qui ont si souvent porté les nations à violer une loi par elles reconnue; mais nous aurons soin de ne pas aller chercher nos exemples trop loin dans l'histoire.

En employant l'expression *principe de non-intervention* nous avons voulu rendre exactement et d'une manière précise notre pensée. Mais comme il est difficile de prendre une négation pour base d'une discussion, il nous arrivera souvent de nous occuper de l'intervention, des cas très-rares, si même il en existe, où elle peut être permise, et de ceux où elle est défendue par les lois divines et humaines.

I

D'après les inspirations de la loi divine, que Dieu lui-même a gravées dans le cœur de tous les hommes, inspiration que nul peuple, à quelque degré de puissance qu'il soit parvenu, n'a jamais osé nier, toutes et chacune des nations qui forment la grande société humaine possèdent deux droits essentiels, sans lesquels elles ne sauraient exister. Elles sont absolument indépendantes les unes des autres ; elles ont le droit et même le devoir de pourvoir à leur propre conservation. Les Romains eux-mêmes et les autres peuples anciens ou modernes qui ont aspiré à la domination ou plutôt à la tyrannie universelle n'ont jamais cessé de reconnaître, ou moins en théorie, ces deux droits imprescriptibles des peuples.

L'indépendance des nations les unes à l'égard des autres est absolue ; chacune d'elles est et doit rester isolée des autres êtres de même nature pour tout ce qui concerne son existence. Sans doute, elle peut avoir avec les autres peuples des relations de toutes sortes ; son intérêt, celui de l'humanité, le conseillent ; mais ces relations sont purement volontaires et libres ; et malgré tous les liens qui peuvent l'attacher aux autres sociétés, elle doit rester indépendante pour tous les actes qui la régissent. Ces mots, *peuple*, *nation*, *puissance*, dont on se sert pour désigner l'ensemble des hommes réunis sous un même gouvernement, indiquent une société séparée des autres, vivant à leur égard dans un état complet de liberté, ne reconnaissant aucun pouvoir commun, aucun chef ayant le droit d'imposer sa volonté à plusieurs, aucun juge pouvant prononcer une sentence légitime contre l'une d'elles et la faire exécuter légitimement. Sans cette indépendance absolue il n'existe pas de nationalité. La société qui reconnaît un chef commun à une autre société cesse par cela même d'être une nation souveraine ; elle est une partie d'une autre nation, une réunion de sujets d'un autre peuple.

Le droit de propre conservation n'est pas moins sacré ; il émane, lui aussi, du Créateur, qui l'a donné à toutes ses créatures. Pour l'homme en général, et surtout pour les sociétés humaines, se conserver est non-seulement un droit, c'est encore un devoir et un devoir impérieux. Sans doute, on a souvent abusé de ce droit, de ce devoir ; on l'a travesti de toutes les manières, et souvent les puissances les plus formidables, alors que leur existence était loin d'être en péril, ont invoqué ce qu'elles appelaient le *droit de la nécessité* pour opprimer et même pour anéantir les peuples les plus faibles (1). Ces graves abus ne peuvent que prouver l'existence du principe lui-même. Mais il doit être ramené à ses limites vraies, et par conséquent se borner au droit de repousser par tous les moyens possibles, même par la force, par la guerre, tout acte qui menace réellement l'indépendance naturelle et essentielle du peuple. Le devoir de propre conservation est le corollaire nécessaire, le complément indispensable de l'indépendance, dont il assure l'existence et la durée.

De cette liberté naissent des droits importants pour les peuples. Nous les diviserons en deux classes : les droits extérieurs et les droits intérieurs. Les publicistes les ont souvent désignés sous le nom de droits primitifs ou absolus, c'est-à-dire qui existent pour l'État en toutes circonstances, par le seul fait qu'il est un État souverain et comme conséquence nécessaire de cette qualité (2).

Les droits extérieurs s'appliquent aux actes qu'un peuple accomplit hors de son territoire propre, soit que ces actes exigent le concours d'un autre peuple, ou entraînent un contact avec un étranger ; soit que, ce qui est très-rare, ils puissent s'accomplir par la seule volonté de celui qui les entreprend. Dans cette classe on peut ranger : la guerre, les traités de toutes les espèces, le commerce avec l'étranger, les colonisations, les conquêtes, les acquisitions de territoire par mariage, succession, les annexions, etc., etc.

L'indépendance intérieure régit tous les actes accomplis sur le territoire même du peuple souverain, et qui ne sont pas destinés à sortir de cette limite, qui par conséquent n'exigent pas le consentement d'un tiers et n'entraînent aucun contact avec les étrangers. Tels sont : le

(1) Sur l'abus du droit de la nécessité, voyez notre *Traité des droits et des devoirs des nations neutres en temps de guerre maritime*, tit. 7, chap. II, sect. 2, § 2, t. II, seconde édition, et notre *Histoire des origines du droit international maritime*.

(2) Klüber, *Droit des gens modernes de l'Europe*, § 36. Wheaton, *Éléments du droit international*, 2e part., chap. I, § 1.

gouvernement spécial de la nation, les modifications qui peuvent y être faites; le choix des chefs, quel que soit le titre sous lequel ils agissent; les lois civiles, politiques, commerciales, religieuses; le développement de la population, du commerce, de l'industrie, des forces armées de terre ou de mer, etc., etc.

Du droit d'indépendance naît le devoir pour les étrangers de ne pas s'immiscer dans les affaires d'une autre nation, c'est-à-dire le principe de non-intervention. Le droit de propre conservation modifie souvent ce devoir lorsqu'il s'agit des actes extérieurs, mais il ne saurait l'amoindrir lorsqu'au contraire les actes intérieurs sont seuls en cause.

Dans tout ce qui concerne les actes extérieurs, il est facile d'apercevoir que l'indépendance naturelle de la nation est limitée. En matière de droit international surtout, il n'existe pas un seul droit qui n'engendre un devoir corrélatif, destiné à le limiter, à le maintenir dans de justes bornes. Dans le cas qui nous occupe ce devoir est de respecter les autres nations, de ne pas porter atteinte à leur indépendance : car toutes sont également souveraines, également indépendantes; toutes ont également le droit de propre conservation, et par conséquent celui de repousser les entreprises faites contre leur indépendance. Or il est évident que tout acte extérieur d'un peuple touche par quelque point aux affections, aux intérêts, aux droits même d'un autre peuple. Du moment où le fait sort du territoire de celui qui agit, il est impossible qu'il soit complétement indifférent aux autres sociétés politiques. Celles-ci, en vertu du droit de conservation, sont autorisés à s'opposer à tout ce qui peut leur nuire, les menacer, ou même les blesser dans leur susceptibilité. Elles peuvent, à tort ou à raison, trouver que l'acte du voisin porte atteinte à leur liberté, et elles sont fondées à prendre les mesures nécessaires pour repousser le dommage qui les menace ou obtenir satisfaction de celui qui leur a été causé. C'est un cas de légitime défense. De cette importante observation il résulte évidemment que la résistance par une nation à un acte extérieur d'une autre nation n'a jamais le caractère d'une intervention.

Le droit de conservation a donné lieu à un très-grand nombre de guerres provoquées le plus souvent par les entreprises ambitieuses d'un peuple souverain qui, méconnaissant ses devoirs, et méprisant les droits, les intérêts et la sécurité de ses voisins, menaçait leur indépendance. Ces guerres sont ordinairement désignées sous le nom de guerres d'équilibre. Au seizième siècle et au commencement du dix-septième la maison d'Autriche, maîtresse d'une grande partie de l'Allemagne, de l'Espagne et des Indes occidentales, menaçait la liberté de l'Europe. La France et divers États se coalisèrent pour faire rentrer cette puissance dans de justes limites et la mettre hors d'état de nuire à ses voisins. Après des luttes longues et sanglantes, le traité de Westphalie (1648), dont les stipulations ont longtemps servi de base au droit international de l'Europe, atteignit le but proposé et assura l'indépendance des autres États. L'équilibre rétabli par cet acte solennel fut bientôt rompu par l'ambition de Louis XIV; l'Angleterre, l'Autriche et d'autres nations entreprirent de mettre des bornes à ces agrandissements. Les traités d'Utrecht furent pour la France ce que celui de Westphalie avait été pour les descendants de Charles Quint. Mais, sans remonter si haut dans l'histoire, sans même parler des guerres entreprises au commencement du siècle par presque toutes les puissances de l'Europe contre la France et dont l'équilibre fut le prétexte beaucoup plus que la cause réelle, les dernières années qui viennent de s'écouler et même le moment actuel nous offrent des exemples de guerres qui ont eu pour motif unique la défense, ou le rétablissement de l'équilibre entre les forces des grandes puissances, et par conséquent la conservation de l'indépendance des peuples.

La Russie, que l'étendue de son territoire et le chiffre de sa population rendaient déjà si redoutable, s'était crue au moment de réaliser le rêve de Pierre le Grand : elle voulait s'emparer de la Turquie d'Europe et de Constantinople. Tout avait été parfaitement préparé pour atteindre le but; des guerres antérieures avaient enlevé successivement plusieurs provinces à l'empire ottoman, et complétement affaibli cet ancien colosse, désormais hors d'état d'opposer une résistance sérieuse aux attaques de son redoutable voisin. Sous un prétexte des plus frivoles le czar envahit les provinces de l'empire turc. Cet acte, sans aucun doute, n'excédait pas les limites du droit d'indépendance naturelle de la Russie; mais c'était un acte extérieur qui pouvait entraîner les plus graves conséquences, non-seulement pour le sultan, que l'on voulait dépouiller, mais encore pour les autres nations. En effet, maître de Constantinople, le czar faisait de la mer Noire une mer intérieure dont il pouvait exclure tous les étrangers; loin de tous les regards, à l'abri de tout contrôle, il pouvait en pleine sécurité construire et exercer des flottes puissantes, qui, traversant la mer de Marmara, auraient dominé tout le bassin oriental de la Méditerranée et les peuples qui habitent ses rivages. Dans cette position, il menaçait toutes les côtes méridionales de l'Europe, et notamment l'Italie, l'Autriche, la France et l'Espagne. Les possessions et le commerce de l'Angleterre dans ces parages étaient à la discrétion du conquérant. L'indépendance de toutes ces nations était donc menacée par les projets de l'ambitieux souverain moscovite. La France et la Grande-Bretagne s'émurent, et avec raison ; elles usèrent du droit de propre conservation, s'unirent avec l'empereur musulman et prirent sa défense contre son formidable adversaire. Le résultat de cette lutte si énergique et si sanglante est connu de tous nos lecteurs. La Russie dut rénoncer à ses projets d'agrandissement. Jamais guerre ne réunit à un degré plus complet tous les caractères constitutifs de la guerre d'équilibre. Les alliés s'étaient engagés à ne faire aucune conquête, à ne rechercher aucun avantage personnel et à borner leur action au maintien de l'état de possession existant avant les hostilités. Ces engagements ont été exécutés avec une complète loyauté, au moins par l'une des deux puissances, par la France ; les frais de la guerre ne furent pas même réclamés. Sous l'influence de l'empereur Napoléon III, le traité de 1856 mit fin aux hostilités d'une manière honorable pour toutes les parties, et avant que la Russie eût reçu aucune atteinte de nature à diminuer notablement sa puissance première. Ce traité lui-même est un acte d'équilibre fort habile.

La guerre dans laquelle la France est aujourd'hui engagée contre le dictateur de la république mexicaine est en même temps destinée à obtenir satisfaction de certains griefs, et à créer dans l'Amérique septentrionale un équilibre indispensable à l'indépendance des peuples qui habitent cette partie du monde et de ceux même de la vieille Europe. Elle fut d'abord entreprise par la France, l'Espagne et l'Angleterre, pour forcer le gouvernement de Juarez à exécuter les engagements pris par ses prédécesseurs et par lui-même envers les trois puissances ; sous ce point de vue, elle était parfaitement juste et légitime. Le président abusait de son indépendance naturelle en refusant de donner suite aux traités solennels conclus avec les autres nations ; il faisait un acte extérieur qui lésait les droits de ces dernières : elles pouvaient, dès lors, revendiquer ce qui leur avait été promis, et employer, pour l'obtenir, tous les moyens en leur pouvoir, même la voie des armes. Mais, légitime à ce premier point de vue, cette guerre ne l'est pas moins comme guerre d'équilibre.

Depuis longtemps la république du nord de l'Amérique, éblouie de ses immenses et rapides développements, rêvait la domination exclusive et complète de tout le continent septentrional du nouveau monde, et ne dissimulait pas que la partie méridionale elle-même ne devait pas tarder à tomber entre ses mains. Les États-Unis se voyaient ainsi, dans un avenir prochain, possesseurs de ces immenses territoires, dont la fertilité fournit à l'Europe la plus grande partie des matières premières indispensables à son industrie, et même à l'alimentation de ses habitants, avec une population de 300,000,000 d'âmes, et, par conséquent, les arbitres ou plutôt les maitres de l'univers. Mais il fallait d'abord dépouiller leurs plus proches voisins. Les Indiens furent facilement chassés de leurs territoires et presque anéantis, mais les anciennes colonies européennes présentaient plus de difficultés. L'emploi de la force ouverte eût soulevé tous les peuples civilisés : on eut recours à la ruse. Travestissant les paroles et les actes de l'un de leurs hommes d'État les plus célèbres, du président Monroë, les Américains élevèrent la prétention que les États de l'Europe n'avaient pas le droit de se mêler des événements qui pouvaient se passer sur le nouveau continent; ils menacèrent même de leur colère et de la guerre la nation qui tenterait de s'immiscer dans les affaires des jeunes États fondés au-delà de l'Atlantique, et de franchir la barrière par eux élevée entre les deux hémisphères. Après avoir ainsi isolé les peuples faibles dont ils voulaient faire leur proie, les États-Unis eurent soin, pour les affaiblir davantage encore, de faire naître et d'entretenir dans leur sein des guerres civiles incessantes. Plusieurs fois même on vit sortir des ports de l'Union des escadres de flibustiers qui assaillirent l'Amérique centrale et l'île de Cuba. Après leur défaite, le gouvernement de Washington en fut quitte pour le désavouer. Ce moyen n'ayant pas réussi, il eut recours à un expédient plus habile, et qui semble avoir quelque chance de succès. Sous prétexte d'établir des communications entre les deux mers, une compagnie américaine s'est installée sur le territoire de l'une des petites républiques de l'Amérique centrale; puis, prétendant que le gouvernement local était impuissant à protéger les convois de marchandises et les voyageurs, elle a créé et elle entretient une armée américaine sur ce territoire étranger. On peut prévoir le moment où cette compagnie se déclarera maîtresse absolue du pays qui lui a donné un asile. Au reste, il y a longtemps déjà que les petits États du centre, maîtres des routes les plus courtes entre les deux océans, auraient été absorbés, sans l'opposition de l'Angleterre, qui ne peut consentir à voir ces précieux territoires passer entre les mains de ses rivaux.

La même politique a été suivie à l'égard du Mexique. Afin de ruiner complétement ce malheureux pays, on y entretient depuis quarante ans une guerre civile incessante; dans ce court espace de temps cet État a eu près de quarante chefs du gouvernement, qui tous ont été alternativement soutenus et attaqués par les États-Unis. Le Gouvernement de Washington avait besoin de ports sur l'océan Pacifique, le Mexique en possédait plusieurs : il simula et acheta peut-être une insulte au pavillon de l'Union, déclara la guerre, s'empara des ports convoités et de la moitié du territoire mexicain. C'est beaucoup, sans doute, mais ce n'est pas encore assez : il faut que tout ce vaste et beau pays soit annexé à la grande république. Les mêmes manœuvres continuèrent donc; la guerre civile fut fomentée et entretenue avec le plus grand soin. On souffrit même que les Européens vinssent de temps en temps demander raison des insultes qui leur étaient prodiguées par les souverains éphémères de Mexico. Ces expéditions, qui se bornaient au bombardement de quelques ports et à l'allocation d'indemnités, contribuaient encore à affaiblir le Mexique et à le soumettre de plus en plus aux influences américaines. Juarez est un de ces héros éphémères que l'argent et les intrigues des États-Unis ont élevés au pouvoir suprême. Les hommes d'État de Washington espéraient que les Mexicains, fatigués de cet état intolérable, chercheraient d'eux-mêmes un asile et la tranquillité à l'ombre du pavillon étoilé de l'Union. La scission des États du Sud est venue suspendre l'exécution de ces plans si habilement ourdis; mais ils ne sont pas abandonnés, et, aux yeux des Yankees, le Mexique est leur propriété; il ne peut appartenir à nul autre, pas même à ses propres habitants.

Il est facile de comprendre quelle puissance la possession du Mexique eût ajoutée à celle des États-Unis. Les laisser s'emparer de cette riche proie, c'était les mettre en état de réaliser, et dans un ave-

nir peu éloigné peut-être, leurs plus gigantesques projets; c'était rompre à leur profit toute espèce d'équilibre dans le monde civilisé; il était de la plus grande importance de s'opposer à cet envahissement. Ce fut dans ces circonstances que l'expédition du Mexique fut commencée par les trois puissances. Son but était sans doute d'obtenir satisfaction des griefs reprochés à Juarez; mais il était surtout de mettre fin à la politique faussement attribuée à Monroë, et de montrer que l'Europe n'avait pas abdiqué le droit de maintenir dans tout l'univers, et même en Amérique, un juste équilibre entre les forces des diverses nations. A peine la guerre était-elle commencée, qu'un incident vint achever de lui donner complétement le caractère que nous lui attribuons, et qui d'abord semblait relégué au second plan. Les Espagnols et les Anglais conclurent un traité avec Juarez pour régler les indemnités qu'ils réclamaient, et se retirèrent. La France, abandonnée de ses alliés, pouvait suivre leur exemple et laisser le Mexique dans la malheureuse position où il se débat depuis quarante ans; mais elle voulut poursuivre le but réel de l'expédition : ses troupes continuèrent et continuent encore la guerre. Après la prise de Puebla, elles se dirigèrent vers la capitale, dont elles sont maîtresses au moment où nous écrivons. Elles arriveront à leur but; elles relèveront le Mexique de l'état d'anarchie, de misère et d'impuissance, dans lequel il est tombé; sous un gouvernement fort et stable, elles lui donneront la puissance nécessaire pour résister aux attaques de ses ambitieux voisins. Ces derniers seront, d'ailleurs, moins redoutables peut-être à l'avenir, lorsque, privés des États du Sud, ils mettront fin à la lutte acharnée qui aura épuisé également leurs finances et leur population.

Sans aucun doute, si les États-Unis n'avaient pas été aussi complétement absorbés par la lutte acharnée contre la confédération séparatiste, ils n'auraient pas hésité à déclarer la guerre à la France pour la forcer à renoncer à son entreprise, et l'on peut affirmer que, malgré tous leurs embarras intérieurs, ils ont vu avec un immense déplaisir l'expédition du Mexique. Ne pouvant s'y opposer par la force ouverte, ils ont même cherché à assurer, en partie du moins, la réalisation de leurs projets de conquête. Le Gouvernement de Washington, dont les finances sont épuisées par la guerre du Sud, n'a pas hésité à conclure avec le président Juarez un traité aux termes duquel il lui avançait une somme de 11,000,000 de dollars destinés à payer les indemnités dues à l'Espagne et à l'Angleterre, et surtout à soutenir la guerre contre la France. Le prêt n'était pas tout à fait désintéressé. Le remboursement de la somme devait avoir lieu à une époque déterminée, et, pour l'assurer, les États-Unis prenaient hypothèque sur certaines provinces du Mexique, qui, en cas de non-payement, devenaient leur propriété. Juarez acceptait ces conditions sans aucune difficulté : d'un côté, il manquait de toutes les ressources indispensables pour lever et entretenir une armée ; de l'autre, il devait penser, comme tous ses prédécesseurs, à s'assurer une retraite convenable à son rang lorsqu'il cesserait d'être le chef de l'État. Cette manœuvre était fort habile de la part des Américains. Il était constant que le Mexique était complétement hors d'état de rembourser une somme aussi considérable à l'époque fixée. Si l'expédition française échouait, les provinces engagées devenaient donc la propriété du prêteur ; si, au contraire, elle réussissait à établir un Gouvernement vraiment national au Mexique, les États-Unis avaient toujours le droit de réclamer de ce gouvernement l'exécution du traité passé avec son prédécesseur, c'est-à-dire le remboursement de onze millions de dollars, avec les intérêts, ou la remise des provinces hypothéquées. Cette combinaison a échoué ; le sénat de Washington, craignant, et avec raison, que la France ne considérât cet acte comme une immixtion directe aux hostilités, et, par conséquent, comme un cas de guerre, refusa de le sanctionner. Il est certain que les Américains ont fourni à Juarez l'argent indispensable pour soutenir la guerre ; ils lui ont même envoyé des hommes pour former son armée et pour fortifier ses places ; dans la garnison aujourd'hui prisonnière de Puebla il y avait probablement un très-grand nombre d'aventuriers yankees ; mais ces secours ont été fournis d'une manière occulte, sous le nom de simples citoyens, et, quelles que soient les conditions mises au prêt d'argent et aux autres fournitures faites, elles ne sauraient obliger le Gouvernement qui succédera à celui du dictateur. Quoi qu'il en soit, le fait reste avec toute sa gravité ; il montre combien il est urgent de constituer au Mexique un pouvoir régulier et fort pour s'opposer aux envahissements des États-Unis ; il prouve d'une manière complète que la guerre du Mexique est une guerre d'équilibre général, et que, par conséquent, elle est légitime.

Toutes les autres espèces de guerres extérieures, c'est-à-dire celles qui sont faites pour secourir un voisin attaqué par une autre puissance, pour obtenir le redressement de griefs réels ou supposés, celles mêmes qui ne sont provoquées que par le caprice ou l'ambition, sont, comme les guerres d'équilibre, complétement en dehors de ce que l'on peut appeler une intervention, parce que toutes sont des actes extérieurs, soumis au contrôle de tous les peuples. Ainsi, la guerre d'Italie en 1859, faite pour secourir le Piémont contre l'aggression de l'Autriche, fut, de la part de la France, un acte de son indépendance naturelle, et non une intervention. L'attaque faite par l'Autriche était un acte extérieur, que l'Empereur des Français pouvait apprécier, juger, et qu'il pouvait trouver menaçant pour son pays. D'autres puissances auraient pu prendre parti pour ou contre le Piémont, suivant leurs intérêts, leurs sympathies, sans encourir le reproche de violer leurs devoirs ou de méconnaître les droits des belligérants. Si cette guerre se fût prolongée, il est probable que la Prusse y aurait pris part en faveur de l'Autriche ; déjà elle faisait ses préparatifs et appuyait son action sur les traités de Vienne, constitutifs de la confédération germanique. Il est évident qu'elle faisait une fausse application de ces actes, qui ne concernent que les domaines autrichiens soumis à la confédération, domaines dont la Lombardie et la Vénétie n'ont jamais fait partie ; mais, en vertu de son indépendance, elle avait le droit absolu de venir en aide à un de ses voisins. Ces sortes de guerre, que l'on peut appeler guerres d'alliance ou de secours, sont souvent le résultat de la volonté de celui qui vient se joindre au premier engagé. Souvent aussi elles ne sont que l'exécution de traités conclus entre le secouru et le secourant. Quelle que soit leur origine, elles conservent leur caractère distinctif, et ne peuvent jamais être considérées comme des interventions.

En 1689, l'Angleterre et la Hollande étaient liguées contre la France. Ces deux puissances publièrent un manifeste pour faire connaître aux peuples neutres la conduite qu'elles comptaient suivre à leur égard. Les prétentions élevées par les belligérants alliés étaient exorbitantes ; elles tendaient évidemment à anéantir complétement le commerce et la navigation des nations pacifiques. La Suède et le Danemark se réunirent, et déclarèrent que, tout en conservant la neutralité la plus stricte et en observant toutes les obligations qu'elle impose, ils prendraient les mesures nécessaires pour protéger le commerce de leurs sujets contre les entreprises iniques de l'Angleterre et de la Hollande ;

que, notamment, ils armeraient des bâtiments de guerre pour convoyer leurs navires et établir des croisières chargées d'assurer l'exécution des traités et l'indépendance des pavillons suédois et danois. Ce traité, le premier acte de neutralité armée dont il soit parlé dans l'histoire, reçut son exécution. L'Angleterre et son alliée furent contraintes de respecter les pavillons des deux puissances du Nord. Dans cet accord, non plus que dans son exécution, on ne peut trouver aucune espèce d'intervention. Sans doute, la Suède et le Danemarck contrôlent une proclamation émanée de nations indépendantes ; ils l'empêchent même de remplir le but que s'étaient proposé ses auteurs. Mais cette proclamation était un acte extérieur, qui les frappait dans leurs droits, dans leurs intérêts, dans leur indépendance : ils pouvaient donc, sans froisser les droits des belligérants, sans violer leurs devoirs, sans méconnaître le principe de non-intervention, employer les moyens en leur pouvoir, et même la guerre, pour repousser l'atteinte portée à leur propre existence. Ils le pouvaient, ils le devaient même, puisque le droit de propre conservation est en même temps un devoir. Le même raisonnement s'applique à toutes les alliances de neutralité armée qui ont pour objet le maintien de l'équilibre général.

En 1850, les Etats-Unis d'Amérique pensèrent pouvoir réaliser la conquête de l'île de Cuba, qu'ils convoitaient depuis longtemps. Déjà leurs agents secrets avaient employé tous les moyens pour préparer dans la population un soulèvement dont ils espéraient profiter. Mais afin de ne pas éveiller l'attention des Européens, ils confièrent l'exécution matérielle de leurs desseins à d'habiles flibustiers. Les expéditions contre la possession espagnole furent armées ostensiblement dans les ports de l'Union, et quittèrent au grand jour les rivages de la république pour attaquer ceux d'une puissance amie, car la paix la plus complète régnait entre le Gouvernement de Madrid et celui de Washington. Deux tentatives de cette nature échouèrent devant l'attitude énergique des autorités espagnoles. Le président des Etats-Unis, mécontent de ces échecs, alla jusqu'à annoncer officiellement, dans son message, la volonté de proposer à la reine d'Espagne l'achat de l'île de Cuba, et, en cas de refus, de s'en emparer par la force. La France et l'Angleterre crurent devoir s'opposer à l'exécution de ce plan, dont la réalisation aurait anéanti la liberté de la navigation et du commerce dans le golfe du Mexique et dans la mer des Antilles : elles déclarèrent donc aux Etats-Unis que toute tentative faite contre la colonie espagnole serait considérée par elles comme une déclaration de guerre. Cette action commune de la part des deux puissances força les Américains, sinon à renoncer à leurs conquêtes, du moins à en ajourner la réalisation. Ce fait ne peut être considéré comme une intervention de la part de la France et de l'Angleterre. C'est une action diplomatique qui participe de la nature des guerres d'équilibre. Le traité de paix conclu entre le représentant du président Lincoln et Juarez est dans le même cas : s'il eût été ratifié par le Sénat, il équivalait à une déclaration de guerre de l'Amérique contre la France; mais il ne pouvait pas être considéré comme une intervention. Dans les deux cas, la guerre faite par l'Union à l'Espagne et celle faite par la France au Mexique sont des faits extérieurs qui pouvaient nuire aux autres puissances, et auxquels elles avaient par conséquent le droit de s'opposer.

Ce que nous venons de dire des diverses espèces de guerre s'applique également à tous les autres actes extérieurs, aux traités, aux annexions, aux acquisitions par mariage ou succession, etc., etc. En effet, un traité d'alliance entre deux peuples peut menacer directement l'indépendance d'un troisième : ce dernier a donc parfaitement le droit de s'opposer à l'exécution de cet acte. Si on suppose deux nations en guerre, dont l'une contracte avec une troisième une alliance offensive et défensive, il est évident que cet acte aggrave beaucoup la situation de l'un des belligérants, et qu'il a le droit de traiter immédiatement en ennemi le peuple qui s'est volontairement fait l'allié de son ennemi, avant même qu'il soit en mesure de commencer les actes hostiles promis par le traité. Même en pleine paix, il peut arriver que l'union intime de deux Gouvernements soit une menace contre leurs voisins, et par conséquent que ces derniers aient le droit de prendre toutes les mesures qu'ils jugeront utiles pour prévenir ce danger. Les conquêtes, les acquisitions par alliances ou par successions, les annexions, lorsqu'elles sont importantes, sont également de nature à éveiller l'attention, les susceptibilités et même l'opposition formelle et matérielle des autres nations. En effet ces actes, quelle que soit leur origine, peuvent avoir pour résultat d'augmenter la puissance du peuple qui les fait, et par conséquent de rompre l'équilibre : ils sont donc susceptibles de provoquer l'action directe de tous ceux qui sont réellement, ou même qui se croient, intéressés au maintien de l'état de choses antérieurement existant.

Ainsi donc nous pouvons poser le principe suivant : Tous les actes extérieurs d'une nation, sans exception, peuvent toucher aux intérêts, à la sûreté, à l'indépendance des peuples étrangers; ils sont par conséquent de nature à justifier les réclamations, les oppositions, et même la guerre, de la part de ceux qui se trouvent lésés. Ils agiront ainsi en vertu de leur indépendance naturelle; la guerre qu'ils feront sera, nous ne disons pas juste, mais légitime; ils ne seront pas coupables d'intervention. On peut donc affirmer que, lorsqu'il s'agit d'actes extérieurs, il n'y a jamais, il ne peut jamais y avoir une intervention proprement dite.

II

S'il est impossible de qualifier d'intervention l'opposition faite par un peuple souverain à un acte extérieur d'un autre peuple souverain, il n'en est pas de même pour ce qui concerne les actes intérieurs. Par leur nature même ces faits ne peuvent porter atteinte directement ni à l'indépendance ni aux intérêts des étrangers; leurs conséquences immédiates sont limitées au territoire de la nation dont ils émanent. Dans cette limite l'indépendance naturelle d'une nation ne peut être soumise à aucune restriction. Nul Gouvernement étranger n'a et ne peut réclamer le droit d'apprécier, de juger ce qui se passe chez son voisin, parce que chaque nation est maîtresse absolue de son propre sort dans les limites de ses frontières, et qu'elle ne peut perdre ce privilége sans perdre son indépendance, c'est-à-dire la qualité de nation, dont l'indépendance est le caractère essentiel. Ainsi un peuple trouve qu'il est de son intérêt de modifier ses lois commerciales, politiques, douanières ou religieuses; de changer la forme de son gouvernement ou son souverain; d'admettre sur son territoire certains étrangers, de repousser les autres; de favoriser une religion unique et de proscrire les autres, etc., etc. : il est parfaitement libre d'accomplir tous ces actes, qui, étant purement intérieurs, ne sauraient avoir aucunes conséquences directes et immédiates pour les autres peuples. L'on peut affirmer que toute tentative faite par un Gouvernement de contrôler les actes intérieurs d'un autre peuple, de les juger, de s'opposer à leur exécution, est un attentat contre l'indépendance de ce dernier, une violation des devoirs de l'étranger, en un mot une intervention matérielle, défendue par la loi primitive. La loi secondaire est parfaitement d'accord avec celle dont elle ne doit être que l'écho. Elle veut aussi que dans tous les actes de la vie intérieure des peuples l'indépendance soit complète et absolue, et qu'aucun étranger ne puisse s'opposer à la volonté nationale, lorsque les actes de cette volonté sont exactement renfermés dans les limites du territoire, lorsqu'ils sont vraiment des actes intérieurs. Tel est l'esprit, sinon le texte littéral, de presque tous les traités solennels conclus depuis plusieurs siècles entre les peuples civilisés. Nous disons presque tous les traités, parce qu'il en existe quelques-uns qui contiennent, tacitement au moins, une sorte de doctrine d'intervention en faveur des nations puissantes contre les faibles. Ces actes sont en trop petit nombre pour former une jurisprudence international; il importe cependant de les examiner, et de démontrer que tous, sans exception, sont radicalement nuls.

Le traité constitutif de ce que l'on a appelé la *Sainte-Alliance* est le premier qui ait été cité comme pouvant donner à un étranger le droit de se mêler des affaires intérieures des autres peuples souverains. Nous avons déjà et depuis longtemps étudié avec soin cet acte solennel, dont on a tant parlé il y a quelques années. Sans doute sous son style mystique et ampoulé il contient un sens très-profond, mais nous devons déclarer que nous n'y avons pu trouver aucune obligation prise par les trois puissances signataires (Autriche, Prusse et Russie), aucun principe international, aucun indice du prétendu droit d'intervention. Toutefois les trois puissances s'engagent à s'aimer toujours du plus grand amour fraternel, conformément aux préceptes de la religion chrétienne (1). L'acte du congrès d'Aix-la-Chapelle, du 4 no-

(1) Ce traité est du 14 septembre 1815; il est rapporté par de Martens, *Nouveau recueil*, t. II, p. 656. Il faut remarquer que ces protestations de sentiments de fraternité chrétienne sont signées par l'Autriche, la Prusse et la Russie, c'est-à-dire par une puissance catholique, une protestante et une grecque, et que cette dernière surtout ne s'est pas souvent montrée très-tolérante pour les autres communions chrétiennes.

vembre 1818 (1), n'est pas beaucoup plus explicite; mais un article secret stipule réellement le pouvoir d'intervention, en le limitant au seul royaume de Naples, qui dès cette époque avait éveillé les craintes de la Sainte-Alliance. En 1833, la Russie, la Prusse et l'Autriche conclurent une convention aux termes de laquelle chacune de ces trois puissances devait aider, dans certaines limites déterminées, ses co-contractants à comprimer toute révolte ou toute tentative de révolte qui pourrait se manifester dans les provinces polonaises. Enfin, le traité connu sous le nom de la quadruple alliance, entre la France, l'Angleterre, l'Espagne et le Portugal, est également destiné à autoriser une intervention matérielle dans les affaires intérieures (2). Par cet acte l'Espagne et le Portugal s'engagent à s'aider mutuellement pour chasser de leurs territoires respectifs les prétendants Don Carlos et Don Miguel; les deux autres États s'obligent, s'ils en sont requis par les premiers, à fournir les secours nécessaires pour atteindre le but proposé.

Ainsi que nous venons de le dire, les premiers de ces traités sont complétement nuls; il est même presque impossible de les soumettre à une discussion. En effet, trois ou quatre grandes puissances, en l'absence des peuples intéressés aux stipulations, c'est-à-dire de ceux-là même contre lesquels l'intervention doit être faite, décident qu'elles contraindront toutes les nations à vivre sous le régime gouvernemental qu'il leur plaira de leur imposer, et qu'elles interviendront matériellement, c'est-à-dire par la force, contre toutes celles qui se permettront de faire des actes intérieurs de nature à modifier ce genre de gouvernement. La nullité d'une semblable convention, nous dirons même son iniquité, est flagrante. Un acte quelconque ne peut être obligatoire que pour ceux qui l'ont souscrit; si cela est vrai pour l'homme pris isolément, pour le citoyen d'un pays, c'est plus vrai encore lorsqu'il s'agit de l'être essentiellement indépendant que nous

(1) Le traité n'a pas été donné par de Martens, mais l'article secret se trouve inséré textuellement dans une note du ministre des affaires étrangères de Naples, du 1er octobre 1820, adressée aux représentants de son pays auprès des autres Cours de l'Europe. Voyez de Martens, *Nouveau recueil*, t. V, p. 568.

(2) Le traité du 22 avril 1834 et l'acte supplémentaire du 18 août de la même année se trouvent dans de Martens, *Nouveau recueil*, t. II, p. 808.

appelons une nation souveraine, qui n'est et ne peut être soumise à aucun étranger. L'opinion que nous énonçons sur la nullité des traités de 1815 et 1818 a déjà été soutenue et développée avec énergie par Pinhiero-Ferreira (1). Le traité de 1833, entre la Russie, la Prusse et l'Autriche, semble d'abord ne pas être entaché du même vice radical; mais, en l'examinant avec soin, on le trouve également frappé de nullité. Les trois puissances stipulent une intervention réciproque, sous la forme d'un secours à accorder à celle qui le réclamera dans les cas prévus par le traité; mais on doit remarquer que les provinces polonaises, contre lesquelles l'intervention était décidée, n'étaient pas représentées dans cet acte, à moins que l'on considère comme leurs représentants légaux leurs oppresseurs. La quadruple alliance de 1834 doit également être critiquée sous ce même point de vue. La guerre civile existait dans les deux royaumes d'Espagne et de Portugal; ni les princes prétendants, ni leurs partisans, ne furent appelés au contrat qui leur créait de nouveaux et puissants ennemis. A l'égard de l'Espagne et du Portugal cette convention pourrait être considérée comme une alliance offensive et défensive pour arriver à un but commun, l'expulsion des deux princes, mais pour la France et l'Angleterre c'est réellement un traité d'intervention.

Parmi les actes internationaux qui ont stipulé l'intervention étrangère dans les affaires intérieures des États libres on doit compter quelques stipulations, fort rares d'ailleurs, par lesquelles les souverains se sont garanti mutuellement non-seulement la possession du pouvoir, mais encore la possession de ce pouvoir dans certaines conditions spéciales et déterminées, par exemple du pouvoir absolu. Ces actes n'ont et ne peuvent avoir aucune valeur internationale. Les princes les plus absolus ne peuvent aliéner, sous quelque prétexte que ce soit, les droits essentiels de leurs sujets; le peuple lui-même, s'il lui était donné de stipuler directement un traité, n'aurait pas ce pouvoir, parce que ces droits sont, de leur nature, inaliénables. On a voulu quelquefois faire sortir le droit d'intervention intérieure de conventions par lesquelles deux nations se garantissaient réciproquement leurs possessions, et s'engageaient à prendre les armes pour défendre

(1) Voyez les notes de cet auteur sur le *Précis du droit des gens modernes de l'Europe*, par de Martens, liv. 3, chap. II, § 80, t. I, p. 223, édition publiée par Vergé, Paris, 1858.

leur alliée dans le cas où elle serait attaquée sur son territoire. Les traités de cette nature n'ont et ne peuvent avoir la valeur qu'on a cherché à leur donner; ce sont de véritables alliances défensives, qui ne s'appliquent qu'au seul cas où un ennemi étranger menacerait d'envahir le territoire garanti. Ces actes sont d'ailleurs parfaitement valables, et doivent être exécutés loyalement, mais dans les cas prévus seulement. Ils ne sauraient motiver aucune intervention dans les affaires intérieures. Ils ont été faits pour assurer contre les attaques du dehors l'indépendance des nations contractantes : ils ne peuvent donc pas servir à ruiner cette même indépendance dans ce qu'elle a de plus sacré, dans l'intérieur même de la nation. D'ailleurs ces traités ont été conclus avec la nation tout entière, ils ne peuvent donc pas être exécutés en faveur d'une fraction de cette nation, au préjudice de l'autre.

Ainsi, ni en vertu de sa propre indépendance, ni même en s'appuyant sur des traités spéciaux, un peuple ne peut intervenir par la force dans les affaires intérieures d'un autre peuple sans se rendre coupable de violation du premier de ses devoirs, sans froisser et sans anéantir le premier et le plus précieux droit de celui qu'il veut opprimer.

III

Les partisans du droit d'intervention ne veulent pas admettre ces principes. Les lois civiles, politiques ou commerciales, de cette nation, disent-ils, sont mauvaises, elles nous nuisent, elles gênent le négoce de nos sujets : nous sommes par conséquent autorisés à la contraindre de les modifier, pour les rendre meilleures ou plus favorables à nos intérêts. Ce raisonnement n'a aucun fondement. Les lois intérieures d'un pays sont faites et doivent être faites exclusivement dans l'intérêt de ses habitants et pour eux seuls; si, par des conséquences médiates et indirectes, elles portent quelque préjudice à d'autres peuples, ce préjudice ne leur enlève pas leur caractère intérieur, et par conséquent ne peut motiver l'ingérence de ceux qui sont ou qui se prétendent froissés. Il est difficile, impossible peut-être, qu'un changement de législation ne lèse pas quelques intérêts, soit à l'intérieur, soit à l'extérieur, et qu'il n'entraîne pas quelques dommages pour les étrangers et souvent même pour les citoyens du pays. Supposons un Gouvernement dont les lois auraient jusqu'ici souffert que les étrangers établis sur son territoire eussent une justice spéciale rendue par leurs propres consuls, le Gouvernement turc, par exemple. Adoptant les progrès de la civilisation, ce Gouvernement déclare que tous ceux qui habitent sur son territoire seront désormais régis par les mêmes lois, soumis aux mêmes juges. Sans doute, cette nouvelle législation peut gêner les étrangers, et même nuire à leurs intérêts ; mais ce changement ne peut donner ni aux individus qui se croient lésés, ni à leurs souverains, le droit d'intervenir par la force pour contraindre le divan à rapporter la loi, à maintenir des juges étrangers dans les lieux soumis à sa juridiction. Les conséquences fâcheuses de la loi en ce qui concerne les étrangers résidant hors du pays sont des conséquences médiates et indirectes; quant à ceux qui habitent le territoire turc, ils doivent se soumettre aux lois intérieures du pays; ils sont, au moins pendant leur séjour dans ce lieu, les sujets du souverain local pour tout ce qui concerne les institutions juridictionnelles, commerciales et criminelles. Les lois nouvelles, quelles qu'elles soient, du moment où elles frappent tous les habitants sans distinction, les indigènes et les étrangers régnicoles, ne peuvent motiver de la part de ces derniers ni de celle de leur Gouvernement le droit d'opposition ni d'intervention. Tous ceux qui penseront que leurs intérêts sont compromis d'une manière trop grave, qui n'auront pas foi dans la justice du pays, seront parfaitement libres de quitter une contrée qui ne leur présente plus désormais une sécurité suffisante; mais il est impossible d'admettre qu'un changement qui a été opéré depuis plusieurs siècles dans tous les autres États de l'Europe soit interdit à ceux qui ne l'ont pas encore effectué.

Supposons un peuple dont le sol produit en abondance les matières premières propres à l'industrie et qui lui-même ne se livre à aucune espèce de fabrication. Il vend ces matières brutes aux étrangers, qui lui fournissent en échange les objets travaillés nécessaires à sa consommation. Ce peuple, devenu plus clairvoyant sur ses propres intérêts, veut entrer dans la voie de l'industrie et réserver à ses sujets les bénéfices laissés jusque là aux étrangers. Il décrète des droits de sortie très-élevés sur les produits de son territoire, et, pour favoriser ses fabriques naissantes, il met des droits d'entrée plus forts encore sur l'importation des objets manufacturés, ou même les prohibe complétement. Cette législation peut être contraire aux idées des économistes modernes, qui la traiteraient de barbare; elle peut nuire essentiellement au commerce de quelques nations qui profitaient de l'ignorance et de l'apathie de ce peuple pour lui acheter à bas prix les matières brutes et lui revendre fort cher les objets fabriqués. Mais c'est là une conséquence indirecte de la loi, et quelque barbare qu'elle soit, quelque tort qu'elle puisse causer aux autres nations, aucune d'elles n'a le droit de réclamer impérieusement ni d'exiger par la force son changement et son abrogation. Cette loi destinée à protéger le peuple pour qui elle est faite est un acte intérieur, qui n'est soumis ni à l'approbation ni au contrôle d'aucun autre peuple.

Ce raisonnement s'applique à toutes les lois intérieures qu'un Gouvernement croit devoir adopter, alors même que, comme les anciennes législations chinoise et japonaise, elles excluraient tous les étrangers du territoire ou qu'elles mettraient à leur admission des conditions absurdes ou honteuses. Il est également applicable aux lois religieuses, quelles qu'elles soient, même lorsqu'elles proscrivent l'exercice de tout culte autre que celui adopté par l'État, et qu'elles prononcent des peines contre les contrevenants. Mais cette loi est intolérante, inhumaine, elle prononce la peine de mort contre celui qui fait un acte religieux dans une forme autre que celle ordonnée. Sans doute on peut blâmer une pareille législation et déplorer son existence, mais elle ne constitue pas pour l'étranger un cas de recours à la force. Cet étranger est toujours libre de ne pas entrer dans un pays régi par des usages aussi contraires aux mœurs de notre siècle, il peut s'éloigner avec horreur de cette terre inhospitalière; mais il ne doit point faire appel à la violence pour contraindre à la tolérance une nation qui se gouverne comme elle l'entend. Car, ainsi que le dit Vattel, « un peuple indépendant n'a de compte à rendre qu'à Dieu au sujet de la religion; il est « en droit de se conduire, à cet égard comme en toute autre chose, suivant les lumières de sa conscience, et de ne pas souffrir qu'un « étranger s'ingère dans une affaire si délicate » (1).

(1) *Le Droit des gens*, liv. 2, chap. IV, § 56. Nous adoptons le principe posé par l'auteur, mais nous repoussons toutes les exceptions dont il le fait suivre.

Les révolutions politiques intérieures sont-elles, plus que les lois, soumises au contrôle des étrangers? peuvent-elles légitimer des interventions matérielles? Évidemment non. Un peuple jusque-là soumis au régime monarchique pur, au pouvoir absolu, croit de son intérêt de proclamer une autre forme de gouvernement, soit en conservant le même souverain, auquel il impose une constitution fixant les limites des pouvoirs du chef et la part réservée aux représentants de la nation; soit même en chassant le monarque, et en instituant un gouvernement populaire, une république. Le peuple ne fait qu'user de son indépendance en ce qui touche sa vie intérieure, il applique son droit incontestable de choisir le régime qui lui semble susceptible de le rendre heureux et puissant. Sans doute il peut se tromper sur ses propres intérêts, il peut trouver l'anarchie et la ruine là où il cherchait l'ordre et la prospérité; mais il agit dans la limite de sa liberté naturelle, et nul étranger n'a le droit de s'immiscer dans des actes complétement privés, qui ne concernent que celui qui les accomplit. On a souvent dit et répété que de semblables révolutions pouvaient avoir de graves conséquences pour les peuples étrangers, dont elles menacent la tranquillité et même l'indépendance, parce que la contagion de l'exemple pouvait entraîner les autres nations à suivre la même voie et à faire subir à leur pays les mêmes changements. Cet argument, qui a servi de prétexte aux entreprises les plus injustes, les plus tyranniques, n'a pas le moindre fondement. Le peuple qui a modifié la forme de son gouvernement a fait un acte purement intérieur, il a usé de son droit incontestable; pourvu qu'il ne se soit pas permis de manifestations hostiles en dehors de son territoire, de tentatives de propagande, en un mot de faits qui soient de nature à convertir son action intérieure en une action extérieure, cette action est légitime, et ne peut être soumise à l'appréciation, au jugement d'aucun étranger. S'il y a un danger pour ce dernier, le danger résultant de la contagion, de l'exemple, que l'on a invoqué si souvent, il n'est qu'une conséquence indirecte du fait; il est même complétement étranger à ce fait, car il n'existerait pas si les peuples, pour lesquels on le redoute si fort, n'étaient pas eux-mêmes disposés à suivre la voie tracée par les voisins, si les mêmes aspirations, les mêmes désirs, les mêmes besoins, ne les poussaient pas vers une même révolution. On craint bien moins le changement dont il s'agit pour les peuples que pour les souverains : c'est donc dans l'intérêt personnel et isolé de ces derniers que l'on redoute la prétendue contagion. Ces craintes ne sauraient motiver aucun acte d'hostilité, aucune violence contre le peuple qui a modifié la forme de son gouvernement ; il n'est pas permis de recourir aux armes contre lui, ni de le contraindre par aucun moyen à reprendre des institutions qu'il repousse. Un pareil fait serait un acte d'intervention coupable, une violation de toutes les lois internationales. Vattel, que nous venons déjà de citer, partage cette opinion : « Si une « nation a déposé son roi, si le peuple a reconnu l'autorité d'un usur- « pateur, soit expressément, soit tacitement, s'opposer à ces disposi- « tions domestiques, en contester la justice ou la validité, ce serait « s'ingérer dans le gouvernement de la nation et lui faire injure (1). »

On peut aussi poser la question de savoir si un monarque cruel et inhumain envers ses sujets, les accablant d'impôts et de vexations de toutes natures, ne peut pas, ne doit pas être renversé par les étrangers, lorsque surtout ses sujets, courbés sous ce pouvoir intolérable, n'ont pas même la possibilité de se faire justice eux-mêmes. Sans aucun doute, il est facile de faire sur un pareil thème de grandes et belles phrases, de parler des devoirs d'humanité, de la solidarité humaine, de la fraternité des peuples, etc., etc.; mais en droit le souverain, sous quelques sombres couleurs que l'on veuille bien le peindre, ne saurait se soutenir sur le trône s'il n'était appuyé par une partie quelconque de la nation ; et même quand il serait vrai qu'il fût un objet d'horreur pour tous ses sujets, sans aucune exception, un étranger n'en serait pas plus autorisé à s'immiscer entre lui et son peuple. Tant que le monarque, bon ou mauvais, borne son action au territoire qui lui appartient, nul ne peut se permettre de l'attaquer. En effet, quel sera l'individu apte à déclarer que tel ou tel acte est condamnable? Qui aura le droit et le pouvoir de juger si le prétendu coupable a dépassé les bornes de son autorité légale? Qui décidera enfin si le peuple est tellement opprimé qu'il n'a plus même l'énergie de secouer le joug de fer qui pèse sur lui, et que cependant il désire briser? Sera-ce celui-là même qui veut intervenir? Mais il est impossible d'attendre de lui une sentence impartiale. D'ailleurs, quels seront ses moyens d'instruction, sur quelle base pourra-t-il asseoir son jugement? Il ne pourra pas

(1) Voyez le *Droit des gens*, liv. 2, chap. XII, § 197, et liv. 2, chap. IV, §§ 54 et suiv.

convoquer le peuple pour le consulter. Il devra s'en rapporter aux rapports plus ou moins intéressés de quelques brouillons politiques, de quelques mécontents, soudoyés par lui-même peut-être. C'est sur de pareils éléments de conviction qu'on voudrait décider du sort de tout un peuple! Enfin, il est de principe absolu qu'une nation souveraine ne reconnaît aucun juge étranger, et qu'elle ne peut en reconnaître aucun sous peine de perdre par ce fait seul sa nationalité. Ainsi donc le fait dont il s'agit, pas plus que ceux que nous avons déjà examinés, ne saurait justifier une intervention matérielle.

Il en est de même lorsqu'un pays se trouve divisé, soit entre deux prétendants au trône, soit entre deux partis qui se disputent le pouvoir. Un étranger ne saurait s'ériger en juge de ces délicates questions intérieures; c'est au peuple seul qu'il appartient de les trancher suivant ses volontés. Sans doute il pourra arriver, il arrivera même souvent, qu'une minorité factieuse et turbulente imposera sa volonté à une majorité considérable, mais craintive ou apathique. C'est un malheur peut-être, mais cette majorité ne peut l'imputer qu'à son défaut d'énergie, et elle n'a pas le droit de se faire de sa faiblesse et de son incapacité un titre pour réclamer l'intervention étrangère.

Lorsqu'une révolte éclate au sein d'une nation réunie sous le sceptre d'un même souverain ou sous un même gouvernement, les peuples voisins ont-ils le droit de se mêler de cette lutte intestine et de prendre parti pour l'une de deux factions? Non, sans doute. Agir ainsi serait faire un acte d'intervention coupable. La révolte peut avoir pour but de changer la forme même de la société, comme quelques utopistes audacieux l'ont tenté en France il y a quelques années. Elle peut avoir pour mobile de modifier la constitution gouvernementale ou de la changer complétement. Enfin, les révoltés peuvent aspirer à former un peuple séparé, soit qu'une conquête leur ait enlevé, dans un temps plus ou moins éloigné, une nationalité qu'ils désirent restaurer, c'est ce qui arrive en ce moment dans les provinces de l'ancienne Pologne soumises à la Russie; soit que, n'ayant jamais eu d'existence politique séparée, ils veulent constituer un nouveau peuple souverain, comme le font les États de la confédération du Sud en se détachant de l'ancienne république américaine. Dans aucun de ces cas, qui comprennent, à notre avis, toutes les espèces de révoltes, il ne saurait y avoir lieu à l'immixtion étrangère.

S'il s'agit d'une révolte sociale, c'est aux citoyens attaqués qu'il appartient de se défendre. Si la majorité de la nation croit devoir courir les chances d'un essai d'application de ces absurdes doctrines, c'est à elle qu'il appartient d'établir le nouveau régime économique; si au contraire, mieux inspirée, elle repousse les utopies, c'est encore elle, et elle seule, qui a le droit de comprimer par tous les moyens en son pouvoir, même par la force des armes, les élans insensés de la multitude égarée, et de punir suivant ses propres lois les promoteurs de la rébellion. Mais un étranger n'a aucun droit à se mêler à ces débats intérieurs; son immixtion serait une véritable intervention, c'est-à-dire un crime international.

En parlant du changement de constitution ou de souverain, nous avons établi que les révoltes ayant l'un de ces deux motifs ne peuvent donner aucun droit aux étrangers de se mêler des affaires intérieures d'un peuple. La révolte ayant pour but la conquête d'une existence séparée, d'une nationalité distincte, ne peut élever plus de doute. Il est évident que c'est un débat intérieur, dont aucune conséquence directe ne peut rejaillir sur les États étrangers : ceux-ci n'ont donc pas le droit de s'en mêler. Dans tous les cas de discordes civiles que nous venons de passer en revue, et dans ceux même que nous n'avons pas pu prévoir, mais qui tous se rangeront facilement dans l'une de ces catégories, les États voisins doivent conserver entre les deux partis la plus complète impartialité, leur accorder à tous deux les mêmes droits, dans la même mesure, et les traiter en toutes circonstances de la même manière; en un mot, se tenir à leur égard dans la plus stricte neutralité. S'il existe des conventions conclues avec la nation déchirée par la guerre civile alors qu'elle était entière, elles doivent être exécutées scrupuleusement envers les deux factions, parce qu'elles ont été consenties au nom et en faveur de toutes les deux, et qu'elles sont obligatoires pour toutes les deux. S'il n'existe pas de traités spéciaux, tous les peuples sont tenus de garder envers les deux belligérants, car, tant que dure la lutte, tous deux ont droit à cette qualification, tous les devoirs d'humanité et de sociabilité qui règlent les relations des peuples civilisés. Il est indispensable de reconnaître aux factions tous les priviléges que la loi internationale accorde aux nations qui ont les armes à la main. Il ne faut jamais perdre de vue que le neutre doit, et ceci est une obligation absolue, reconnaître comme légitimes les prétentions des deux adversaires, et surtout l'état de choses existant en fait. Tout étranger qui montre de la partialité pour l'une des armées en présence, qui la favorise, qui surtout prend une part active à la lutte, attaque l'indépendance de celle dont il se fait l'ennemi; il méconnaît ses propres devoirs, viole les droits essentiels de tout un peuple et se rend coupable d'une intervention matérielle.

Ainsi donc, aucun des actes intérieurs d'une nation, lorsqu'ils conservent complétement le caractère intérieur, ne peut motiver une intervention matérielle de la part d'un état étranger. Mais quels sont les faits constitutifs de l'intervention matérielle? Tous les faits défendus aux peuples qui veulent rester tranquilles spectateurs de la guerre survenue entre deux puissances distinctes, c'est-à-dire aux peuples neutres, pendant les hostilités ordinaires, sont également défendus aux étrangers lorsqu'il s'agit d'une lutte intestine ou de tout autre acte intérieur d'une nation indépendante. Ainsi donc, tous moyens violents, toute pression matérielle, toute menace même, et, à plus forte raison, l'emploi direct de la force, sont des faits constitutifs de l'intervention. En cas de guerre civile, l'étranger doit s'abstenir de fournir à l'une des parties les armes, les munitions, les soldats et tous les objets indispensables, ou même seulement utiles, pour soutenir la lutte. Les subsides doivent également être refusés aux combattants et à chacun d'eux, ainsi que nous l'avons fait observer en parlant du traité conclu par les États-Unis avec le président de la république mexicaine. En un mot, on ne doit donner à aucun des deux partis aucun secours réel, on ne doit rien faire qui soit de nature à le rendre plus fort ou plus apte à soutenir les hostilités. Il ne faut donc pas, comme le faisait la Prusse par la convention du 8 février 1863, concéder à un des combattants un droit de passage pour ses armées sur le territoire neutre. Tout en respectant le droit d'asile terrestre, il faut l'appliquer aux deux adversaires dans la même mesure. L'asile maritime doit être également ouvert à tous les deux. Il est difficile d'énumérer ici tous les actes qui peuvent être considérés comme des interventions matérielles; mais cette simple énonciation permet de caractériser tous les faits qui peuvent se présenter (1). Remarquons seulement

(1) Pour l'énumération plus complète des actes contraires à la neutralité, voyez notre *Traité des droits et des devoirs des nations neutres en temps de guerre maritime*, tit. 4, chap. V, tom. Ier, seconde édition.

que, dans ces circonstances, comme lorsqu'il s'agit de guerre entre deux souverainetés indépendantes, la fourniture des objets connus sous le nom de contrebande de guerre ne peut être considérée comme constituant l'intervention qu'autant qu'elle est faite directement par le Gouvernement étranger au parti qu'il veut favoriser. Quant aux faits de cette nature commis par les simples citoyens, ils ne revêtent pas toujours un caractère aussi grave. En général, ils sont considérés comme contrebande de guerre, et punis par la confiscation des objets formant le corps du délit, lorsqu'ils ont pu être saisis par l'offensé. Néanmoins, dans certains cas, et lorsque les expéditions de cette nature, même faites par des particuliers, sont opérées en quelque sorte avec l'assentiment du Gouvernement; lorsque les levées de soldats se font ostensiblement et sans aucun mystère, comme cela s'est pratiqué tout récemment et se pratique encore peut-être en Irlande par les agents des États-Unis du Nord, le Gouvernement devient évidemment complice de ses sujets et responsable de leurs actions condamnables; il peut être considéré comme coupable d'intervention matérielle en faveur d'un des deux partis.

Ce principe, qui découle de la loi primitive, qui a été sanctionné par la loi secondaire, adopté par tous les peuples civilisés, défendu enfin par un grand nombre de publicistes justement célèbres, Wattel, de Martens, Pinhiero-Ferreira, Wheaton, c'est le principe de *non-intervention*. Il est absolu comme toutes les prescriptions du droit international, et ne peut admettre aucune exception. Si on suppose un instant que cette sauvegarde de l'indépendance, c'est-à-dire de l'existence des nations, peut être éludée, le monde entier se trouve plongé dans un affreux désordre, et on peut redouter de voir se renouveler les excès dont notre siècle a déjà été témoin. En effet, il dépendrait toujours d'un voisin puissant de prétendre qu'il est dans les cas d'exception, et qu'il a le droit d'intervenir matériellement dans les affaires intérieures d'un voisin plus faible, et, sous le vain prétexte de rétablir l'ordre là où il n'était nullement troublé, d'absorber l'indépendance et la nationalité d'un peuple, et de le réduire à un véritable servage. Si, comme cela est déjà arrivé, deux ou trois peuples s'associent pour cette œuvre d'iniquité, toutes les nations du monde deviendront la proie de ces contempteurs des droits les plus sacrés; en perdant leur indépendance elles tomberont sous le joug de ces maîtres, dont elles devront recevoir les lois, les institutions, les ordres souverains.

Si l'intervention était un moyen d'assurer la paix de l'univers, comme le prétendent ses partisans; si l'oppression d'un seul peuple assurait le bonheur de tous les autres, elle resterait une injustice, une violation des lois sacrées de l'humanité; mais au moins cette injustice semblerait justifiée par le but qu'elle atteindrait, par le bonheur de toutes les autres sociétés. Ce résultat de l'intervention matérielle, toujours mis en avant, n'a jamais existé et n'existera jamais. Non-seulement une pression illégitime n'éloigne pas les chances des guerres générales, mais encore elle est et doit être le plus souvent le signal de ces hostilités qui ensanglantent le monde entier. Cette conséquence est inévitable. L'intervention d'un étranger dans les affaires intérieures d'un État indépendant est, de la part de cet étranger, un acte extérieur; c'est une alliance conclue entre l'intervenant et une portion d'une nation, ou même un souverain isolé de ses sujets, contre l'autre portion ou même la généralité de cette nation; cet acte extérieur est, par sa nature même, soumis à l'appréciation de tous les autres peuples; chacun peut y trouver un sujet de plainte, un dommage, une menace, une rupture de l'équilibre; chacun peut donc, et même, dans certains cas, doit s'opposer à l'injustice commise par l'intervenant; chacun a le droit de faire alliance avec le parti opprimé par l'étranger. Dans ce cas, il faut remarquer que l'État qui prend les armes le second n'est pas coupable d'intervention; il ne fait qu'user de son droit en se mêlant d'une lutte engagée entre deux nations étrangères l'une à l'autre, et, par conséquent, à un fait extérieur qui peut lui causer un préjudice et même menacer son indépendance. Tous les peuples peuvent donc se grouper ainsi autour de l'un ou de l'autre parti; et si, comme cela est probable, ils choisissent pour le théâtre de la guerre le territoire du pays victime de l'intervention, on peut juger quelles effroyables calamités accableront les malheureux habitants. La violation du principe de non-intervention peut donc amener une conflagration générale et coûter au genre humain des malheurs qu'il est impossible de prévoir. Un exemple rendra ce raisonnement plus frappant. Les provinces polonaises de la Russie se sont révoltées contre leur souverain et luttent encore en ce moment pour obtenir leur autonomie. La Prusse, qui, elle aussi, détient sous sa domination une partie de l'ancienne Pologne, semble devoir être portée à aider le czar dans ses efforts pour étouffer la révolte. Au mois de février dernier, le bruit courut que le gouvernement de Berlin avait conclu avec celui de Saint-Pétersbourg un traité qui favorisait beaucoup les projets de répression. Nul ne connaissait cet acte, on ne le connaît pas encore ; mais on affirmait qu'il concédait aux troupes de l'empereur non-seulement le droit de se réfugier sur le territoire prussien, mais celui de le traverser en armes pour aller continuer la lutte. Ce traité, s'il a existé dans ces termes et s'il avait reçu son exécution, était évidemment un acte d'intervention matérielle et complète. Les autres puissances firent entendre de vives réclamations ; la Grande-Bretagne surtout faisait les menaces les plus vives : elle appelait de ses vœux la guerre immédiate contre la Russie et contre la Prusse, son alliée, en faveur des révoltés polonais. L'Angleterre et les autres puissances étaient effectivement en droit, sans violer le principe de non-intervention, de prendre le parti des sujets russes contre leur souverain. Si quelques-uns eussent usé de ce droit, d'autres eussent évidemment pris parti pour la Russie et la Prusse, la conflagration s'étendait sur toute l'Europe. Mais tout ce bruit s'éteignit bientôt. Il est vrai que la Grande-Bretagne ne voulait pas faire la guerre elle-même ; elle désirait beaucoup pousser les autres nations, et notamment la France, à entreprendre cette croisade humanitaire, à se jeter dans les hasards de la guerre à outrance qui devait en résulter, pendant qu'elle jouirait en paix des immenses bénéfices que devait lui rapporter une neutralité habilement conduite. Le Gouvernement prussien recula devant la conséquence de son acte, et la Grande-Bretagne se tint pour complétement satisfaite de la déclaration faite par son premier ministre, lord Palmerston, qui, reproduisant le mot de Canning, déclara au parlement que l'Angleterre tenait seulement à constater, et qu'elle avait effectivement constaté, *qu'elle avait le droit d'intervenir, mais qu'elle n'avait pas l'obligation de le faire.*

IV

Le principe de non-intervention est un principe réellement tutélaire ; il protége le faible contre le fort, il assure l'indépendance intérieure de toutes les nations. Aussi toutes le proclament avec une sorte d'enthousiasme ; de nos jours surtout, les Gouvernements l'invoquent sans cesse. Il a été mis en avant à l'occasion des affaires d'Italie, de la guerre intestine des États-Unis, de la révolte polonaise, etc., etc. Mais, si tous les cabinets reconnaissent et invoquent cette loi si importante, il faut convenir que c'est une pure théorie. Dès qu'il s'agit d'en faire l'application, tout change de face, chacun veut interpréter la loi à son gré, l'accommoder à son ambition, à ses intérêts, à son caprice. Quelques exemples pris dans les dernières années du siècle dernier et dans le nôtre rendront plus frappante cette lutte entre la théorie et la pratique des peuples.

La révolution française venait d'éclater : c'était un fait complétement intérieur ; aucune tentative de propagande, aucun appel aux peuples étrangers, n'avait modifié le caractère essentiel de cet acte. Mais tous les souverains du continent européen pensèrent que leur existence, comme pouvoir absolu, était menacée ; poussés d'ailleurs par la Grande-Bretagne, qui croyait l'occasion favorable pour anéantir son ancienne rivale, ils se coalisèrent, et, sans respect pour le droit que possède chaque nation de se gouverner à sa fantaisie, ils fondirent sur la France pour lui imposer un régime conforme à leurs intérêts. C'était une intervention matérielle, une violation injustifiable de toutes les règles internationales. Mais la France était alors mise au ban des nations de l'Europe, hors la loi des peuples civilisés. Cette guerre, imprudemment commencée, ne fut pas heureuse pour ceux qui l'avaient provoquée ; mais elle amena, de la part de l'État attaqué, des actes qui enlevèrent aux hostilités qu'il dut soutenir pendant de longues années tout caractère d'intervention de la part de ses ennemis. Pendant cette série d'hostilités sans cesse renaissantes, qui dura vingt ans, les quatre puissances principales de l'ancien monde, l'Autriche, la Prusse, la Russie et l'Angleterre, furent presque toujours unies dans une action commune contre la nation qu'elles appelaient l'ennemi du genre humain. De ces coalitions continues il résulta, comme le remarque avec raison Wheaton, une sorte d'alliance permanente qui survécut à la guerre. Les trois premiers États resserrèrent ces liens par les traités de 1815, et notamment par celui du 14 septembre, connu sous le nom de *traité de la Sainte-Alliance*. Après avoir succombé dans cette lutte inégale, la France elle-même consentit plus tard à se joindre à cette réunion, en signant le protocole d'Aix-la-Chapelle. La Grande-Bretagne n'avait pas pris part à la Sainte-Alliance, mais elle fut partie au congrès de 1818. Le but de cette union de guerre en pleine paix, continuant à exister alors que tous les peuples étaient désarmés, n'était pas nettement formulé. Mais s'il était impossible de trouver un sens précis dans les protestations d'amour fraternel du traité du 14 septembre 1815, s'il était difficile de comprendre ce que les puissances entendaient par cette phase : « Considérant comme le premier de leurs « devoirs celui de conserver à leurs peuples les bienfaits que cette « paix leur assure, et de maintenir dans leur intégrité les transactions « qui l'ont fondée et consolidée... » (1), la manière dont elles furent appliquées montra bientôt quelle était leur véritable signification. C'était la proclamation du droit permanent d'intervention chez tous les peuples européens, droit que les grandes puissances s'attribuaient à elles-mêmes; c'était l'anéantissement du principe fondamental de non-intervention, et, par conséquent, de l'indépendance des nations. Les effets de cette singulière législation internationale ne se firent pas longtemps attendre.

En 1820 le peuple napolitain réclama de son souverain l'octroi d'une constitution; ce prince l'accorda, nous ne dirons pas volontairement, ni même librement, mais il l'accorda, et abdiqua la couronne au profit du duc de Calabre. Les membres de la Sainte-Alliance se réunirent en congrès, d'abord à Troppau, puis à Leybach. Les empereurs d'Autriche et de Russie, ainsi que le roi de Prusse, étaient présents en personne; la France était représentée par un ministre, la santé du roi ne lui permettant pas de voyager. L'Angleterre s'abstint de concourir aux mesures à prendre. Le motif de cette abstention fut expliqué. Le cabinet de Saint-James, « tout en reconnaissant qu'un Gouvernement peut « avoir le droit d'intervenir d'une manière sérieuse et immédiate dans « les affaires d'un autre État, considère ce droit comme ne pouvant « être justifié que par la plus urgente nécessité; il n'admet pas que ce « droit puisse recevoir une application générale et illimitée dans tous « les cas de mouvements populaires, et surtout il croit qu'il ne saurait « être appliqué comme mesure de prudence, ni former la base d'une « alliance. Ce droit doit être une exception aux principes les plus es-

(1) Voyez la note adressée à M. le duc de Richelieu par les plénipotentiaires des cours d'Autriche, de Russie et d'Angleterre, le 4 novembre 1818.

« sentiels; il ne peut être admis que dans des circonstances spé-« ciales... » (1) Malgré cette espèce de protestation de l'un des auteurs de la déclaration d'Aix-la-Chapelle, le congrès de Leybach examina la révolution napolitaine, et la jugea sans entendre ni même appeler ses représentants. Le roi des Deux-Siciles, qui déjà avait abdiqué la couronne, fut, il est vrai, invité à se rendre au congrès. Mais il ne fut pas admis aux délibérations. La sentence était prononcée avant son arrivée à Laybach; on lui en donna communication, en lui faisant savoir qu'il ne lui était permis ni de la discuter, ni de demander aucun changement. Ce prince n'avait été appelé auprès des trois souverains que pour lui rendre la liberté, et surtout, comme on l'avouait hautement, pour faciliter par sa présence l'exécution du jugement prononcé. La décision du tribunal européen portait que le Gouvernement absolu serait restauré à Naples et l'ancien roi rétabli sur son trône. Pour obtenir ce double résultat on devait employer tous les moyens, même la force des armes. L'Autriche était chargée de l'exécution. Effectivement les armées de cette puissance envahirent le royaume des Deux-Siciles et installèrent de nouveau le pouvoir sans limite, avec l'ancien souverain. Pour assurer la durée de cette œuvre méritoire les Autrichiens occupèrent les principales places du royaume de Naples pendant plusieurs années. Cette expédition et l'occupation furent, bien entendu, faites aux frais des habitants du pays conquis. N'était-il pas très-juste qu'ils fussent forcés de payer l'immense service que voulait bien leur rendre les membres de la Sainte-Alliance!

Le 12 mars 1821 une révolution éclata dans le Piémont; la constitution espagnole de 1812 fut proclamée par le peuple. Le congrès de Laybach siégeait encore : il décida que cette manifestation serait, elle aussi, comprimée par la force; l'Autriche fut encore l'exécuteur désigné pour appliquer la sentence. Après un succès qui ne pouvait être douteux, on décida une occupation prolongée comme celle de Naples. Cette fois encore le peuple victime de cet attentat dut payer tous les frais de la guerre.

Ces interventions matérielles dans deux États indépendants furent l'œuvre d'un congrès composé de quatre grandes puissances; elles

(1) Voyez la circulaire de lord Castelereagh, ministre des affaires étrangères, 19 janvier 1821.

étaient la base d'un système préconçu, que ces nations proclamaient hautement comme devant désormais servir de règle internationale. D'après la circulaire collective de l'Autriche, de la Prusse et de la Russie, « c'était un droit, qui dans le cas spécial devenait une néces-« sité urgente, de prendre en commun des mesures de sûreté contre « les Etats dans lesquels le renversement du Gouvernement opéré par « la révolte, ne dût-il être considéré que comme un exemple dange-« reux, devait avoir pour suite une attitude hostile contre les consti-« tutions et les Gouvernements légitimes (1) ». La Grande-Bretagne ne crut pas devoir approuver un système qui pouvait avoir des conséquences aussi graves. Elle répondit à la circulaire des trois cours par une note de même nature, dans laquelle elle montra le danger d'adopter une marche aussi extraordinaire : « Le Gouvernement de Sa Majesté « britannique, dit cette importante pièce, ne croit pas que d'après les « traités existants les alliés aient le droit d'assurer aucuns pouvoirs « généraux de cette espèce, et il ne croit pas davantage qu'ils puissent « s'arroger des pouvoirs aussi extraordinaires en vertu d'aucune nou-« velle transaction diplomatique entre les cours alliées sans s'attribuer « une suprématie incompatible avec les droits des autres États.... sans « introduire en Europe un système fédératif oppresseur qui non-seu-« lement serait inefficace dans son objet, mais encore pourrait avoir « les plus graves inconvénients (2) ».

Malgré ces observations, qui cependant étaient loin d'être complètes, puisqu'elles admettaient qu'il pouvait exister des cas où l'intervention matérielle était permise, le système inauguré par le congrès de Laybach, et appliqué à Naples et à Turin, continua à peser sur l'Europe. L'Espagne avait cru devoir proclamer de nouveau la constitution de 1812. Le tribunal suprême de l'Europe s'assemble à Vérone, décide que l'Espagne doit rester soumise au pouvoir absolu. Cette fois ce fut la France, puissance constitutionnelle, qui fut chargée d'aller détruire la constitution espagnole et restaurer l'autorité despotique au delà des Pyrénées.

Jusqu'ici l'Angleterre avait refusé de participer à ces actes attenta-

(1) Voyez le texte de cette circulaire dans le *Nouveau recueil* de de Martens, t. V, p. 592 (8 décembre 1820).

(2) Voyez la circulaire de lord Castelereagh aux ministres d'Angleterre près les cours étrangères (19 janvier 1821), dans le même ouvrage, à la suite de la précédente.

toires à la dignité et à l'indépendance des peuples souverains, mais elle les avait laissé accomplir sans opposition sérieuse. Elle n'avait aucun intérêt à ce que Naples, le Piémont ou l'Espagne, fussent gouvernés par des souverains absolus, ou soumis à un régime constitutionnel; le seul point qui l'intéressait c'était de pouvoir commercer avec toutes les nations. Bientôt elle sembla faire un pas de plus dans la voie que nous n'hésitons pas à appeler libérale. En 1823 les possessions espagnoles de l'Amérique qui n'avaient pas encore secoué le joug se soulevèrent contre la métropole et proclamèrent leur indépendance. Il semblait assez naturel que les membres de la sainte-alliance, dans le temps même où ils employaient leurs forces pour étouffer ce qu'ils appelaient une révolution en Espagne, fissent aussi tous leurs efforts pour comprimer la révolte des colonies et pour conserver les possessions d'outre-mer à l'État qu'ils avaient mis en tutelle. Il fut en effet question de soutenir les droits de la métropole et d'agir contre les colonies. Mais les États-Unis, qui peut-être n'étaient pas absolument étrangers à la rébellion, s'opposèrent énergiquement à cette intervention. Ils avaient déjà reconnu l'existence politique des colonies comme États séparés et indépendants; ils déclarèrent que toute tentative d'immixtion des puissances européennes dans le conflit existant entre l'Espagne et ses anciennes possessions serait considérée par eux comme un cas de guerre. Dans cette circonstance Monroë, qui dirigeait alors les affaires de l'Union, posa les principes d'une politique que l'on ne saurait trop louer et qui forme un contraste frappant avec celle de la sainte-alliance, mais que ses successeurs ont depuis complétement travestie en supposant que cet homme d'État éminent avait voulu exclure les nations européennes de toute immixtion dans les affaires même extérieures des peuples du nouveau monde. Monroë s'était seulement opposé, et avec raison, à ce que les puissances qui avaient figuré au congrès de Vérone intervinssent dans la rébellion des établissements espagnols, parce que cette rébellion d'une partie des sujets du roi Ferdinand était une affaire purement intérieure, dont les étrangers n'avaient pas le droit de s'occuper. A cette occasion la Grande-Bretagne sortit de la position passive qu'elle semblait avoir adoptée. Elle déclara qu'une intervention en faveur de l'Espagne serait à ses yeux une question complétement neuve, dans laquelle elle prendrait telle résolution que ses intérêts pourraient requérir; qu'elle n'entendait prendre aucune obligation soit de refuser, soit de différer la reconnaissance des colonies espagnoles..... Que toute intervention par les armes ou même par les menaces serait considérée par elle comme un motif de faire immédiatement cette reconnaissance (1). L'Angleterre semblait enfin vouloir maintenir réellement l'indépendance des peuples. Malheureusement ce motif si louable n'était pas le seul mobile de sa conduite dans cette circonstance, l'intérêt commercial était la cause principale du changement d'attitude du cabinet de Saint-James. Un fait arrivé deux ans après le prouve d'une manière évidente.

En 1825, la mort de Jean VI appelait au trône de Portugal son fils aîné, don Pedro, empereur du Brésil; mais la constitution de ce dernier État s'opposait à ce que les deux couronnes pussent être réunies sur la même tête. Don Pedro abdiqua donc ses droits au royaume européen en faveur de sa fille dona Maria, et octroya une charte au Portugal. L'infant don Miguel, frère puîné de don Pedro, prétendant avoir des droits supérieurs à ceux de son aîné et de sa nièce, entra en Portugal pour les faire valoir et souleva une partie de la population; en même temps il abolit la charte nouvelle et rétablit le pouvoir absolu. Ferdinand VII, dont l'autorité illimitée venait d'être restaurée par l'intervention française, aidait l'infant don Miguel dans son entreprise d'une manière si non officielle, au moins très-efficace. Les bandes miguélistes s'organisaient ostensiblement sur le territoire espagnol; elles trouvaient sur cette terre amie un asile toujours ouvert, des vivres et même des armes. Le Gouvernement était évidemment complice du prétendant portugais; cependant il n'y eut pas d'actes officiels d'intervention matérielle. La régence qui gouvernait au nom de dona Maria, encore mineure, demanda à l'Angleterre des secours contre ce qu'elle appelait l'intervention du roi Ferdinand; elle s'appuyait sur d'anciens traités par lesquels la Grande-Bretagne avait garanti l'intégrité du territoire portugais. Ces traités, il faut en convenir pouvaient être également invoqués par don Miguel, car ils avaient été consentis avec toute la nation, et non pas avec le parti constitutionnel seulement, qui n'existait même pas à l'époque de leur conclusion. D'ailleurs ils ne se rapportaient qu'au cas d'une invasion étrangère, et non à une guerre civile qui ne

(1) Voyez la conférence du 9 octobre 1823 entre M. Canning, ministre des affaires étrangères d'Angleterre, et le prince de Polignac, ambassadeur français à Londres.

portait pas atteinte à l'intégrité du Portugal et ne tendait qu'à en changer le souverain. Néanmoins un corps de troupes anglaises fut envoyé en Portugal et assura le succès du régime constitutionnel. Ainsi l'Angleterre, qui pendant les années précédentes avait refusé de prendre part aux actes iniques des autres grandes puissances, se rendit, elle aussi, coupable d'une intervention matérielle.

La coopération de la France, de la Grande-Bretagne et de la Russie en 1826, pour assurer l'émancipation des Grecs, sujets révoltés de la Turquie, fut également un acte d'intervention matérielle au premier chef. On doit qualifier de même, quoique le but fût complétement opposé, l'action exercée en 1840 par l'Angleterre, la Prusse, l'Autriche et la Russie, contre Méhémet-Ali, vassal de la Porte ottomane, qui menaçait d'envahir les États de son suzerain. Le bombardement de Beyrouth et les secours donnés aux Turcs amenèrent la restitution des provinces conquises, de la flotte ottomane, et la soumission du pacha d'Égypte. On doit cependant remarquer la grande différence qui existe entre le but de ces deux interventions. Dans la première il s'agit d'arracher une province à l'empire ottoman, d'attaquer autant qu'il est possible son intégrité, de l'affaiblir; dans la seconde, au contraire, le but est d'empêcher le morcellement, l'affaiblissement de ce même empire.

La guerre faite en 1841 par l'Angleterre à l'empire chinois fut un acte d'intervention. Le chef de cet État défendait le commerce de l'opium sur son territoire; cette mesure lésait les intérêts du commerce britannique, lui enlevait une partie des immenses bénéfices qu'il faisait sur l'opium, et privait l'Échiquier des impôts énormes qu'il prélevait sur le thé. Cela est vrai, mais cette ordonnance était un acte intérieur, il ne pouvait légitimer la guerre entreprise pour le faire rapporter. Le cabinet de Londres le sentait très-bien : aussi jamais il ne proclama le motif de cette injuste agression, jamais il ne l'avoua; mais il lui fut impossible de le dissimuler complétement, et ceux même qu'il crut devoir alléguer étaient loin de pouvoir justifier une pareille intervention dans les affaires du céleste empire.

Dans la guerre récente qui a changé la face de la péninsule italienne on a vu des exemples d'interventions armées qui ont dû frapper tous les esprits impartiaux. Après avoir, par de longues manœuvres clandestines, ameuté contre leur souverain les populations du royaume des

Deux-Siciles; après avoir corrompu les officiers des armées de terre et de mer, et même les ministres de cet État, le roi de Piémont envoie dans les contrées ainsi préparées un homme dont le nom populaire doit amener un soulèvement général. Il faut remarquer que le soulèvement n'existait pas encore, qu'il n'y avait aucune révolte, aucune émeute. Malgré son mécontentement, réel sur certains points, mais purement factice sur beaucoup d'autres, la population napolitaine pouvait facilement être retenue dans le devoir. Cet homme organise, dans les États piémontais, les bandes qui doivent l'accompagner au vu et au su de toutes les autorités locales; les armes, l'argent, les bâtiments, en un mot tout ce qui est nécessaire pour une pareille expédition, sont pris dans le même pays. C'est d'un port du Piémont que met à la voile l'armée destinée à provoquer la rébellion dans un État ami et allié. (L'ambassadeur de Naples était encore à Turin, et celui de Sardaigne n'avait pas quitté Naples.) Garibaldi et ses bandes étaient au service du Piémont; c'est pour Victor-Emmanuel qu'il agit, toutes ses proclamations sont faites au nom de ce même souverain, qu'il appelle déjà roi d'Italie. Il arrive en Sicile, puis à Naples, toujours protégé, toujours assisté par le même monarque. Il y a donc dans ce fait inqualifiable une intervention matérielle, flagrante, quoique souvent déniée, du Gouvernement piémontais dans les affaires intérieures du royaume de Naples. Plus tard, alors que ce même Garibaldi était maître de Naples sans avoir brûlé une amorce, on vit des bâtiments de guerre piémontais arriver avec des troupes piémontaises; ces soldats furent débarqués, et combattirent sous les ordres du libérateur, à la bataille du Volturne, contre les troupes royales. Cette fois l'intervention était complète, ouverte; elle avait déchiré le voile, bien transparent sans doute, qui avait d'abord servi à la dissimuler. Enfin le siége de Gaëte fut fait par les troupes royales de Victor-Emmanuel; Garibaldi et les siens n'y prirent qu'une part insignifiante. Cependant à cette époque l'annexion du royaume de Naples au Piémont n'était pas encore prononcée par le souverain de ce dernier État, le fameux plébisciste n'avait pas encore été soumis à la sanction du suffrage universel. Il est impossible de trouver dans l'histoire un exemple d'intervention plus complète. Garibaldi et ses mercenaires n'étaient-ils pas des étrangers au royaume de Naples? les bersaglieri piémontais étaient-ils des citoyens napolitains? enfin l'armée qui assiégeait le roi dans la dernière ville qui lui fût restée fidèle n'était-elle pas composée des sujets de Victor-Emmanuel ? Pendant le siége de Gaëte, les vaisseaux français s'opposèrent longtemps à ce que la marine sarde attaquât la place par mer; ils mirent donc réellement obstacle à l'intervention maritime. Quant aux Anglais, ils intervinrent eux-mêmes directement. Après avoir favorisé le débarquement de Garibaldi en Sicile, au moment où un seul coup de canon pouvait faire échouer son entreprise, les vaisseaux britanniques débarquèrent à Naples des artilleurs qui, en se promenant, dit-on, arrivèrent sur les bords du Volturne (à 26 kilomètres) juste le jour de la bataille, et qui, pour se distraire sans doute, se mirent à servir les canons du libérateur. Sans ce secours étranger et malgré la présence des bersaglieri piémontais, il est probable que cette journée eût vu anéantir les bandes garibaldiennes et Naples revenir sous la puissance de son souverain.

Ainsi depuis moins d'un demi-siècle, depuis 1820, l'Autriche, la Prusse, la Russie, l'Angleterre, l'Italie, la France elle-même, ont toutes, ensemble ou séparément, violé le principe tutélaire de non-intervention; et cependant il n'est pas une seule de ces puissances qui n'ait réclamé avec énergie, de la part des autres, le respect de ce même principe, et qui ne prétende l'avoir toujours observé religieusement. Tout le monde reconnait le principe, et tout le monde le viole. Chacun consulte son caprice, son ambition, son intérêt surtout, car c'est là le mobile principal des actes que nous venons de signaler. Pour le prouver il suffit d'examiner sommairement les motifs allégués par les souverains qui ont méconnu en même temps leurs devoirs et les droits des autres peuples indépendants.

Après la paix de 1815 les monarques affiliés à la Sainte-Alliance cherchèrent à pallier l'odieux de leur conduite sous le prétexte que les révoltes des peuples contre leurs souverains absolus et l'établissement des gouvernements constitutionels étaient d'un mauvais exemple pour les autres peuples et menaçaient de devenir contagieux; ils prétendaient que ces révoltes, ces convulsions intérieures, étaient dangereux pour les nations voisines, et que par conséquent, en vertu du devoir de propre conservation, ils avaient le droit absolu d'intervenir pour faire cesser ce danger imminent, en imposant à ces États trop remuants un gouvernement semblable à ceux sous lesquels les autres peuples avaient le bonheur de vivre. Ces prétextes ne sauraient soutenir le moindre examen, ils n'ont pas même le mérite d'être spécieux. Nous avons déjà montré que le danger de l'exemple, lorsqu'il existe réellement, ce qui est très-rare, ne vient pas du peuple qui cherche à se donner un gouvernement à sa convenance, mais exclusivement de ceux qui désirent l'imiter; il n'y aurait aucune crainte de contagion si ces derniers n'avaient pas les mêmes aspirations, les mêmes besoins, s'ils n'étaient pas eux-mêmes disposés à suivre l'exemple du premier. Supposons, en renversant la question, un peuple vivant sous un régime constitutionnel et le changeant lui-même pour se soumettre à un souverain absolu. Admettons que pour arriver à ce résultat il a dû employer les voies de la révolte, de la guerre civile même. Il n'y aura aucun danger de contagion, parce que tous les hommes sont naturellement portés à préférer une liberté sage et modérée au bon plaisir d'un despote qui, s'il est bon et habile, peut sans doute faire beaucoup de bien, mais qui trop souvent, même avec les meilleures intentions, peut se tromper ou être trompé et faire le malheur de ses sujets. Les souverains constitutionnels voisins ne seront pas effrayés, parce que leurs sujets, n'ayant pas les mêmes désirs, n'éprouvant pas le même amour pour le despotisme, ne seront pas portés à imiter l'exemple qui leur est donné. Supposons une république qui se transforme en Gouvernement monarchique, la contagion ne sera pas à craindre pour les autres républiques. D'ailleurs on peut affirmer que tous les souverains veilleront avec soin à ce que d'autres Gouvernements démocratiques n'interviennent pas pour rétablir le régime renversé. Ainsi la partie autrefois espagnole de l'île de Saint-Domingue formait un petit État connu sous le nom de république dominicaine; incessamment tourmentés par des discordes civiles, souvent menacés d'être asservis par Haïti leur voisine, plus puissante, qui non-seulement les attaquait ouvertement, mais encore fomentait sans cesse des troubles intérieurs, les Dominicains prirent le parti de se jeter dans les bras de leur ancienne métropole, de l'Espagne, et par conséquent de se soumettre au Gouvernement monarchique de la reine. Ce changement pouvait-il présenter quelque danger pour la république haïtienne? Evidemment non; et d'ailleurs, le danger eût-il existé, aucune puissance n'eût souffert que le président Geffard intervînt pour forcer les Dominicains à restaurer le Gouvernement qu'ils avaient renversé. Le danger donc, s'il existe, ne vient pas de l'État insurgé, mais réellement de ceux qui voudraient s'insurger. Ce n'est donc pas dans l'intérêt des peuples que les interventions ont été faites, mais uniquement dans celui des souverains ; c'est à cet intérêt isolé et égoïste qu'il faut attribuer les guerres que nous avons signalées, les occupations de territoires prolongées pendant des années, en un mot, les interventions faites par la sainte-alliance. Quant au droit et au devoir de propre conservation, de légitime défense, d'après ce qui précède, il est évident qu'ils n'ont rien à démêler dans ces questions où nul acte extérieur, et par conséquent de nature à compromettre la sûreté des peuples étrangers, n'avait été accompli; où il s'agissait exclusivement d'actes intérieurs de nations qui voulaient user de leur indépendance naturelle et changer la forme de leur Gouvernement. Ces changements ne passaient pas les limites du territoire, ils ne pouvaient donc mettre aucune existence en péril. En quoi les constitutions proclamées à Naples ou à Turin pouvaient-elles menacer l'existence des peuples autrichiens, russes et prussiens? Comment le régime parlementaire installé à Madrid pouvait-il nuire à la France, qui avait un régime de même nature? Évidemment les motifs donnés à ces actes de déloyauté internationale n'avaient aucun fondement. La seule cause des interventions dont nous nous occupons fut l'intérêt personnel des souverains.

Un des prétextes les plus souvent mis en avant pour justifier les immixtions dans les affaires privées des peuples est *l'humanité*. Il est presque impossible de se rendre un compte exact de la manière dont on a abusé de cette expression depuis près d'un siècle. Ce mot, il est vrai, semble avoir une bien grande puissance, puisque toutes les nations se sont laissé prendre par cet appât habilement jeté devant elles; aucune n'ose refuser de suivre le Gouvernement assez habile pour le présenter à propos, parce qu'aucune ne se sent disposée à reconnaître qu'elle a moins d'humanité que le perfide tentateur. Et cependant tout ce bruit, tout cet enthousiasme, tous ces grands et magnifiques sentiments se réduisent, lorsqu'on les examine de près, à un intérêt personnel.

Ce fut sous le prétexte d'humanité que furent faites toutes les interventions de la sainte-alliance, et aussi celle de 1826 pour l'affranchissement de la Grèce. Comment, en effet, pouvait-on voir le sang humain couler à flots dans cette guerre où le despotisme turc accablait ses malheureux sujets sous les persécutions les plus atroces? Comment pouvait-on laisser exterminer une nation chrétienne tout entière par le fanatisme musulman? L'humanité commandait impérieusement de voler au secours des opprimés. Cependant le but réel de l'Angleterre était d'augmenter son influence morale et commerciale dans le bassin oriental de la Méditerranée, en créant un petit État toujours facilement gouverné par les conseils d'une nation puissante. La Russie désirait affaiblir l'empire ottoman et hâter sa chute, afin de pouvoir s'approprier ses provinces européennes et surtout sa capitale, objet de ses convoitises séculaires. La France seule n'avait rien à gagner à cette guerre illégitime, et cependant ce fut elle qui supporta la plus grande partie des hostilités : car, outre son action sur mer, commune avec les deux autres puissances, elle fut chargée seule de chasser les Égyptiens et les Turcs du Péloponèse, qu'ils occupaient encore. Elle agit ainsi entraînée par l'enthousiasme très-réel que produisit chez elle le zèle parfaitement calculé de ses alliées.

Cependant il faut convenir qu'en 1826 la Grande-Bretagne fut dupe de la politique russe : elle n'avait pas encore découvert que l'intégrité de l'empire turc était une condition essentielle du maintien de l'équilibre européen, et que le démembrement de cet État tournerait surtout au profit de son voisin, déjà trop puissant. Aussi est-il bien certain que, si de pareilles circonstances se représentaient, l'humanité et la religion ne suffiraient pas pour décider l'Angleterre à livrer une seconde bataille de Navarin. Dès 1840 cette différence se fit sentir assez vivement, et l'on vit que les idées s'étaient profondément modifiées : l'invention de l'Autriche, de la Prusse, de la Russie et de l'Angleterre, en faveur du sultan contre Méhémet Ali, le prouve clairement. En 1826 l'action des alliés avait pour but apparent de soustraire au joug des infidèles la population chrétienne de la Grèce; en 1840, au contraire, l'intervention eut pour résultat de remettre sous la domination des Turcs les populations chrétiennes si nombreuses de l'Asie, de les exposer de nouveau à toutes les persécutions, à tous les dangers que pouvait leur faire courir le fanatisme beaucoup plus exalté des musulmans de ces pays, alors que ces populations trouvaient dans le gouvernement égyptien une protection et une sécurité plus complètes qu'elles ne pouvaient l'espérer du divan, même quand il eût désiré sincèrement les accorder. Plus tard (1854) la France et la Grande-Bretagne ont dû prendre les armes, et cette fois contre la Russie, pour sauver au prix d'énormes sacrifices l'empire turc, que les trois puissances avaient si violemment ébranlé trente ans auparavant. C'est alors que l'on a pu apprécier les résultats de l'intervention de 1826.

La guerre de l'Angleterre contre l'empire chinois fut entreprise, elle aussi, au nom de l'humanité. Il était impossible, disait-on, de supporter, en plein dix-neuvième siècle, qu'un Gouvernement privât ses sujets des bienfaits inestimables de la civilisation occidentale; qu'une nation nombreuse, riche, propriétaire d'un territoire immense, fertile, produisant en abondance les plus riches denrées, et notamment le thé et la soie, restât plongée dans les ténèbres de l'ignorance et de la barbarie. C'était un devoir d'humanité d'imposer à ce peuple, même par la force des armes, les bienfaits de la civilisation. Tel fut le prétexte de l'intervention. Mais la cause réelle est bien connue; le traité de paix lui-même s'est chargé de la divulguer : c'était un intérêt commercial. Quelques nouveaux ports furent ouverts à la navigation étrangère, le négoce de l'opium fut autorisé, enfin un territoire fut cédé à la Grande-Bretagne pour y fonder un établissement permanent qui lui permît d'étendre son commerce dans le céleste empire.

Dans tous les cas où le prétexte d'humanité a été mis en avant pour couvrir des interventions matérielles, nous trouvons les résultats les plus désastreux, les plus contraires au motif invoqué. Sans parler du sang répandu dans la guerre même et des terribles conséquences de l'invasion et de l'occupation, il est constant que les peuples qui ont été victimes de ces attentats en ont longtemps souffert. Depuis l'intervention autrichienne Naples a gémi continuellement sous le Gouvernement restauré, dont on a sans doute beaucoup exagéré les actes répréhensibles, mais qui cependant était dans l'impossibilité de se maintenir contre la volonté de la nation sans l'opprimer. De là des révoltes partielles, réprimées par la force des armes, les persécutions, les exils, etc., etc. Ce malheureux peuple a dû subir ce régime pendant un grand nombre d'années et n'a pu en sortir que pour tomber aujourd'hui sous un joug étranger, qui, s'il parvient à s'affermir, sera toujours étranger. Le Piémont n'a pas été plus épargné par les suites de l'intervention; il n'a recouvré sa prospérité qu'en reprenant le genre de Gouvernement qui lui avait été interdit par la sainte-alliance. Depuis 1823 jusqu'à il y a quelques années à peine, l'Espagne a lutté sans cesse contre les plus mauvaises passions; elle a vu ses populations décimées par les guerres civiles, son industrie et son commerce anéantis, son influence amoindrie. Enfin elle n'a pu se relever de cet état d'abaissement qu'après avoir reconquis, au prix d'immenses sacrifices, le même Gouvernement constitutionnel que l'intervention lui avait violemment arraché. Les chrétiens de Syrie ont été persécutés, massacrés par les fanatiques musulmans, et sans doute il ne resterait plus de traces de cette malheureuse population, sans les secours que la France leur a généreusement accordés. Nous ne craignons pas de nous tromper en affirmant que de pareils résultats sont loin d'avoir rien de commun avec les sentiments d'humanité si souvent mis en avant par les puissances intervenantes.

Lorsque la Grande-Bretagne s'opposa à l'intervention des puissances européennes dans l'affaire de la révolte des colonies espagnoles (1823), elle eut pour mobile unique son intérêt commercial. Le pacte qui liait les établissements d'outre-mer de l'Espagne à la métropole réservait à cette dernière le privilége exclusif du négoce tant d'importation que d'exportation; les étrangers en étaient complétement exclus; de plus les industries de fabrication étaient pour la plupart interdites aux colons, ce qui favorisait encore puissamment le monopole réservé à la mère patrie. Si le Mexique et les autres établissements du nouveau monde étaient rendus à l'Espagne, cette loi devait nécessairement être remise en vigueur et le commerce anglais était exclu de ces marchés importants. Si, au contraire, ils étaient affranchis, il était évident que les nouveaux États qui allaient se former, mécontents de l'Espagne, chercheraient à trouver chez une autre nation les produits fabriqués nécessaires à leur consommation et les débouchés indispensables pour les produits bruts de leur sol si fertile. Le pays dans lequel l'industrie était le plus développée, la Grande-Bretagne, devait s'attendre à trouver sur ces marchés nouveaux de vastes et avantageux débouchés pour ses marchandises fabriquées, et de grandes facilités pour l'achat des matières premières indispensables au travail de ses usines. Tel fut le véritable motif qui détermina la conduite de l'Angleterre. Quant aux États-Unis, ils trouvaient qu'il serait beaucoup plus facile de soumettre de petits États indépendants, mais faibles et toujours en proie aux dissensions intestines, que des colonies restées sous la protection de l'Espagne, dont la conquête ou l'annexion pouvait exciter les justes susceptibilités des souverains européens.

V

Ces prétextes de légitime défense de soi-même, de propre conservation, d'humanité, de religion, etc., etc., ne sont donc en réalité que de grands mots destinés à voiler, tant bien que mal, l'ambition et l'intérêt égoïste des souverains ou des puissances qui se sont rendues coupables d'interventions matérielles dans les affaires intérieures des peuples indépendants.

Mais ne peut-il pas arriver quelquefois que les actes intérieurs d'une nation soient d'une nature telle qu'ils puissent nuire essentiellement à une autre nation, et par conséquent donner à cette dernière le droit de se défendre, même par la force, contre l'atteinte portée à sa propre indépendance? Dans notre opinion, il ne peut exister aucun acte réellement intérieur qui puisse avoir cette portée. En effet, dès qu'un fait est susceptible de porter un préjudice direct et immédiat aux droits d'un État étranger, il cesse par cela seul d'être un fait intérieur, il revêt le caractère d'acte extérieur et international, il est par conséquent soumis à l'appréciation de tous ceux qu'il menace, et peut être combattu par tous les peuples qui ont intérêt à ce qu'il ne reçoive pas son exécution. Mais, nous le répétons, dans aucun cas un acte réellement intérieur ne peut avoir ce caractère, ni par conséquent motiver une intervention matérielle. A nos yeux le principe de non-intervention est absolu et ne comporte aucune exception. Prenons le fait intérieur le plus capable d'éveiller les craintes, d'exciter les susceptibilités des États voisins. En pleine paix, un État fait des armements extraordinaires, il fortifie ses frontières, augmente son armée et sa flotte, en un mot, semble se mettre en état de faire la guerre. Cette attitude est de nature à inquiéter ses voisins, sans doute, mais suffirait-elle pour motiver une intervention matérielle dont le but serait de forcer cet État à désarmer? Nous ne le pensons pas. On peut demander des explications à l'auteur de ces préparatifs, qui de son côté est libre, pour rassurer les autres États, de leur faire connaître le but de ses démonstrations belliqueuses. Le plus souvent même il sera porté à agir ainsi pour éviter de mécontenter les autres puissances, avec lesquelles il a toujours intérêt à entretenir de bonnes relations. Mais il peut aussi refuser toute explication; et même dans ce cas, il ne saurait y avoir lieu à s'immiscer dans les affaires intérieures de cet État indépendant. Les autres, s'ils sont réellement effrayés de ces armements extraordinaires, ont parfaitement le droit d'en faire de plus formidables encore, pour se défendre en cas d'attaque. C'est un fait purement intérieur, qui ne nuit à aucune autre nation ; s'il y a un dommage causé, une inquiétude, une perturbation apportée dans leur sécurité, ce n'est que par une conséquence indirecte ; il ne peut donc pas y avoir lieu à intervenir matériellement.

Nous ne nous dissimulons pas que nous sommes sur ce point en complet désaccord avec les principes proclamés par la sainte-alliance, et même avec ceux mis en avant par l'Angleterre pour s'abstenir de concourir aux interventions de 1821 et 1823. Quant aux premiers, nous avons déjà prouvé que les traités conclus par quelques peuples dans le but exprès d'opprimer d'autres peuples qui n'avaient pas même été parties dans ces actes, étaient radicalement nuls et ne pouvaient en aucun cas être opposés, d'une manière licite du moins, à ceux qui n'avaient pas concouru à leur discussion. L'opinion de la Grande-Bretagne est que l'intervention matérielle ne peut être considérée comme un droit que dans les cas où la ***sûreté immédiate des États ou leurs intérêts essentiels seraient sérieusement compromis*** par les transactions domestiques d'un autre État. Ce système est très-commode peut-être pour le peuple le plus puissant ; mais il laisse beaucoup trop à l'interprétation et même à la passion des parties. Quand est-ce, en effet, que la sûreté immédiate d'un État sera sérieusement compromise ? Quel est l'acte qui mettra en péril évident ces intérêts essentiels ? Quels sont d'ailleurs les intérêts essentiels ? Sera-ce la faculté de vendre ou d'acheter du coton brut ou fabriqué, ou tous autres intérêts mercantiles de cette nature ? Rien ne peut déterminer la réalité de ces dangers, le bien-fondé de ces plaintes. Entre deux nations indépendantes, il n'y a pas, il ne peut pas y avoir de juge supérieur. Qui donc sera appelé à statuer sur le degré d'imminence du péril, sur la qualité des intérêts froissés ? La décision sera-t-elle laissée au peuple que l'on prétend coupable ? Mais alors évidemment il jugera en sa propre faveur ; d'ailleurs son adversaire refusera de se soumettre à une sentence entachée d'une partialité incontestable, et qui, alors même qu'elle serait conforme à l'équité, n'a et ne peut avoir aucune valeur à son égard.

par cela seul qu'il est complétement indépendant. Si on confie le jugement à celui qui se prétend lésé, on rencontre, en raison inverse, les mêmes inconvénients. L'auteur du prétendu trouble rejettera l'arrêt prononcé contre lui par son ennemi, comme émané de la partie intéressée ; il excipera, lui aussi, de son indépendance absolue à l'égard de tous les autres peuples. La force, la guerre, sera donc l'unique moyen de résoudre cette question. La doctrine anglaise est donc complétement insoutenable ; on peut même dire que ce n'est pas une doctrine, puisqu'elle laisse toutes les questions d'intervention à la décision des armes ; c'est la consécration du droit du plus fort.

Au reste, on doit remarquer que le pouvoir d'intervention n'a jamais été réclamé que par les peuples puissants contre les faibles, et ce fait seul suffirait pour prouver que l'intervention est un odieux abus, une injustice. Jamais on ne verra la Hollande, l'Espagne, ou tout autre pays, venir critiquer la conduite intérieure de la Grande-Bretagne, s'apitoyer sur le sort de l'Irlande, sur les malheurs de ses habitants, et, au nom de l'humanité, entrer en armes dans cette île pour l'affranchir du joug qui pèse sur elle depuis si longtemps. Il n'y aurait pas assez de voix pour crier au scandale, à la violation de tous les principes de la loi internationale ! Que les nations même les plus puissantes y prennent garde, l'intervention est non-seulement le plus grave attentat contre l'indépendance essentielle des nations, c'est encore le moyen le plus dangereux pour ceux même qui prétendent l'employer ; il n'est pas une seule circonstance où elle ne puisse devenir la cause immédiate des plus formidables coalitions, des guerres les plus générales et les plus sanglantes ; par conséquent elle peut compromettre les nations les plus puissantes et ruiner les gouvernements qui paraissaient les mieux assurés. Avant d'intervenir dans les actes intérieurs d'un peuple étranger, il faut bien examiner les conséquences de cette grave entreprise. Nous ne parlerons plus ici de la violation de la loi divine et humaine, des droits et des devoirs les plus sacrés des peuples : malheureusement ces considérations morales arrêtent rarement les peuples et les souverains ambitieux et avides ; nous nous occuperons seulement des conséquences matérielles du fait. Lorsqu'une nation intervient par la force dans les affaires domestiques d'une autre nation, elle fait un acte extérieur qui est soumis à l'appréciation et au jugement de tous les peuples auxquels il peut être nuisible ou seulement désagréable; tous peuvent non-seulement critiquer cet acte, mais encore s'y opposer par tous les moyens qui sont en leur pouvoir, par la force des armes, par la guerre. Le seul fait de l'intervention autorise toutes les nations à se joindre à la partie opprimée contre l'oppresseur, et aucune de celles qui prendront ce parti n'aura violé son devoir ni méconnu les droits des autres, parce que l'acte extérieur est justiciable de tous ceux qu'il peut léser. C'est ce qu'expliquait parfaitement le ministre anglais, Canning, à l'occasion de l'intervention française en Espagne, lorsqu'il disait : « La France a donné à l'Angleterre une cause de guerre par l'atteinte portée par celle-ci à l'indépendance de l'Espagne. Le gouvernement anglais aurait eu le droit d'intervenir, en se fondant sur une convenance politique... » Un autre danger des interventions, qu'un ministre anglais lui-même crut devoir signaler aux membres de la Sainte-Alliance, est celui-ci : « Si des souverains sages et modérés peuvent faire un bon usage du droit d'intervention, un prince mauvais et ambitieux pourra se servir de ce prétendu droit au profit de ses passions et de ses intérêts personnels, et faire peser sur les peuples les plus grands malheurs. »

Plusieurs écrivains célèbres ont aussi pensé que les actes intérieurs des peuples pouvaient, dans certains cas spéciaux, légitimer l'intervention des étrangers ; mais aucun n'a précisé quels sont les faits susceptibles d'entraîner d'aussi graves conséquences. Tous reconnaissent l'existence du principe de non-intervention, mais ils admettent à ce principe des exceptions si nombreuses, qu'en vérité la règle disparaît ; et cependant ils ne formulent pas ces exceptions ; l'un d'eux déclare même qu'il est impossible de les formuler (1), et par conséquent de rien préciser. Autant et mieux vaudrait rejeter la loi elle-même que de la reconnaître avec des exceptions laissées au choix de tous et de chacun des intéressés. Cela revient à dire, comme sir Robert Peel défendant la quadruple alliance de 1834 et l'intervention anglo-française en Espagne et en Portugal, qu'il y a des exceptions dans les cas particuliers, soit à cause du voisinage immédiat, soit à cause des circonstances d'une nature particulière et d'un intérêt urgent. Avec un principe ainsi fait, toutes les passions humaines peuvent se donner libre carrière sans

(1) « ... Il est en effet impossible de formuler sur ce sujet une règle absolue, et toute règle qui n'aura pas cette qualité sera nécessairement vague et sujette à l'abus qu'en feront les passions humaines dans l'application pratique... » Wheaton, *Eléments du droit international*, t. I, p. 81.

craindre de violer les droits qu'il confère aux uns, les devoirs qu'il impose aux autres, attendu qu'il n'en confère ni n'en impose aucun, et que le seul intérêt d'un peuple l'autorise à porter les plus coupables atteintes à l'indépendance de tous les autres. Nous ne saurions admettre de pareils accommodements. A nos yeux les principes qui régissent les nations, c'est-à-dire des êtres complétement indépendants les uns des autres, et ne pouvant exister sans cette indépendance, sont des principes absolus, et tout principe absolu peut être facilement formulé. Nous n'hésitons donc pas à le faire de la manière suivante : « Aucun acte intérieur d'un État ne peut donner lieu à l'intervention matérielle d'un étranger tant qu'il ne cesse pas d'être intérieur, et alors même que, par des conséquences médiates et éloignées, il peut nuire à cet étranger. » Ce principe est la sauvegarde de tous les peuples, des puissants et des faibles, de ces derniers surtout; il n'admet aucune exception. Où pourrait-on la trouver en effet? Qui la proclamerait? Les intéressés à la violation du principe sans doute; et ils le feraient à leur profit personnel. Irons-nous avec Vattel rechercher si une nation est malfaisante par sa nature même, toujours prête à nuire aux autres et à leur susciter des troubles domestiques... (1)? Mais les actes dont parle le savant publiciste ne sont pas des actes intérieurs, ils sont parfaitement extérieurs; ils ne rentrent donc pas dans l'application du principe, ils sont soumis à l'appréciation et à l'opposition de tous les peuples. Sans aucun doute, il peut exister une nation à laquelle s'applique la définition de Vattel; mais, quelque malfaisante qu'elle soit, ses actions intérieures ne sauraient justifier une intervention matérielle de la part des étrangers. Le principe absolu, tel que nous le comprenons, tel qu'il résulte de la loi primitive et de la loi secondaire, est également le plus conforme aux sentiments d'humanité que l'on a si souvent invoqués pour arriver à répandre des flots de sang, pour ruiner les peuples indépendants et les réduire à une triste servitude.

VI

L'action dont nous avons à nous occuper n'a aucun des caractères de l'intervention. Les conseils amicaux donnés par un Gouvernement à un

(1) Voyez le *Droit des gens*, l. II, chap. 4, § 53.

autre Gouvernement, les représentations, le rappel à l'exécution des devoirs internationaux ou des conventions expresses, tous ces faits purement moraux, tous ces actes d'une diplomatie pacifique, ne sauraient constituer ce que nous avons appelé une intervention. Il existe réellement une très-grande différence entre les deux procédés. L'intervention matérielle est l'emploi de la force ; elle prend parti pour l'un des adversaires contre l'autre, ou contre une nation tout entière, et recourt aux aux armes ; c'est la violence, c'est la guerre. L'intervention morale ou diplomatique procède par des conseils, le plus souvent secrets et confidentiels, toujours bienveillants ; elle cherche à montrer les dangers que peuvent présenter certains actes intérieurs, leur injustice, s'il y a lieu, afin d'engager la nation à ne pas persister dans une ligne de conduite qui pourrait soulever des résistances fondées, même de la part de ses propres citoyens. En un mot, elle se tient toujours dans des limites telles que l'indépendance de l'État auquel elle s'adresse ne se trouve jamais compromise. Un fait récent établit d'une manière bien précise l'immense différence qui existe entre deux modes d'action auxquels on a cependant donné le même nom.

Les provinces polonaises soumises à la Russie venaient de se révolter contre l'autorité du czar. Le 8 février 1863, la Prusse, qui, elle aussi, possède une partie de l'ancienne Pologne, conclut avec la Russie un traité dont la teneur exacte n'a jamais été bien connue, mais qui, de l'aveu de tous les intéressés, contenait des clauses très-favorables au Gouvernement de Saint-Pétersbourg, de nature à aider puissamment l'action des troupes du souverain contre les rebelles, et par conséquent à augmenter les forces d'un parti contre l'autre : c'était un acte d'intervention matérielle. Dans le même temps, le Gouvernement français, agissant isolément encore, adressa à l'empereur Alexandre II des notes diplomatiques pour l'engager à se montrer juste et clément envers ses sujets révoltés : juste en exécutant à leur égard les stipulations des traités ; clément, en amnistiant tous les Polonais qui, exaspérés par la violation de ces traités, avaient pris les armes contre leur souverain. C'est un acte d'intervention diplomatique, et la France était d'autant plus fondée à le faire qu'elle avait été partie dans les traités dont elle demandait l'exécution.

L'intervention morale est toujours un droit, souvent même elle devient un devoir. Elle est toujours un droit, car on ne saurait refuser à un souverain le pouvoir d'adresser des observations bienveillantes à un autre souverain, de lui faire connaître de quelle manière il apprécie certains actes, même intérieurs, et les dangers qu'il croit apercevoir dans leur application. Le Gouvernement ainsi averti n'est pas tenu de se conformer aux observations qui lui sont faites, de suivre les conseils qui lui sont donnés ; son indépendance naturelle n'est nullement atteinte par les dépêches diplomatiques, il conserve toute sa liberté d'action. Il arrive même souvent que cette espèce d'intervention devient un devoir que tous les peuples doivent remplir. Les événements actuels nous en fournissent un exemple. Depuis plus de deux ans, les anciens États-Unis d'Amérique sont divisés en deux partis ; une lutte acharnée dévaste ce malheureux pays et dévore les populations ; exaspéré par une résistance aussi énergique qu'inattendue, le gouvernement du Nord se livre souvent à des actes que réprouvent les lois de la guerre. Ces pays, naguère si florissants, dont le commerce et l'agriculture faisaient l'admiration du monde, sont aujourd'hui couverts de ruines. Nul ne peut prévoir le terme de ces combats, l'issue de ces massacres. N'est-il pas du devoir des peuples restés spectateurs tranquilles de cette lutte acharnée de faire entendre la voix de l'humanité, de chercher quelques moyens de concilier les deux adversaires en demandant à chacun d'eux de faire quelques concessions, ou du moins de les engager à modifier cette manière de combattre et à respecter les lois reconnues par tous les belligérants ? Évidemment ce devoir existe, il incombe à toutes les nations ; c'est une obligation naturelle et une obligation politique ; si elle est remplie avec sagesse, avec un dévouement vraiment amical, elle devra arriver et arrivera sans aucun doute, sinon à désarmer immédiatement les deux ennemis, du moins à modérer les haines et à amener progressivement le rétablissement de la paix.

Pour être efficace, l'intervention diplomatique doit réunir certaines qualités qu'il est important de préciser. Les notes envoyées par le peuple pacifique doivent être rédigées avec une très-grande prudence et une modération complète, afin de bien établir que la bienveillance et l'amitié les ont seules dictées, et enfin, autant que possible, elles doivent rester secrètes. Il est important d'éviter de porter un jugement trop formel, trop dur, sur les faits dont on désire obtenir la modification, et surtout de donner aux observations un caractère de hauteur ou de menace qui serait de nature à blesser la juste susceptibilité et même l'indépendance du souverain auquel elles sont adressées. Une seule pression qui ressemble à une menace peut ruiner les espérances les mieux fondées, et rendre sourd aux conseils les plus sages le souverain qui auparavant était tout disposé à les écouter et à les suivre. D'ailleurs la menace est complétement contraire à l'essence même de l'intervention diplomatique. En effet, ou elle doit être suivie d'exécution, et alors elle est l'annonce de l'intervention matérielle; c'est la mise en demeure d'obéir aux ordres d'un maître; c'est un attentat contre l'indépendance du souverain auquel elle s'adresse; ou, au contraire, elle ne doit être suivie d'aucun effet, et alors elle exaspère la nation que l'on cherche à calmer, rend la lutte plus acharnée et éloigne toute chance de rétablir la paix. L'intervention matérielle de la France, de la Russie et de l'Angleterre, pour l'affranchissement des Grecs, fut précédée d'une négociation de cette nature. Les puissances alliées s'adressèrent aux deux partis et leur proposèrent de s'en rapporter à leur décision pour régler le différend, menaçant celui des deux qui refuserait cette médiation de le contraindre par la force des armes. Les Grecs acceptèrent la proposition; mais le sultan, s'appuyant sur son droit, sur son indépendance naturelle, protesta contre le procédé des trois puissances qui se disaient ses amies, et dont les ambassadeurs étaient encore à Constantinople; il refusa de se soumettre. La bataille de Navarin et l'expulsion des troupes turques du Péloponèse prouvèrent que les menaces des États chrétiens n'avaient pas été légèrement faites. Évidemment dans cette circonstance, comme dans toutes les autres semblables, les conférences et les dépêches diplomatiques ne furent que le premier acte de l'intervention matérielle. Dans ce cas, il n'est pas mauvais peut-être que la nation choisie pour être la victime de la force brutale soit mise en demeure de se soumettre volontairement à la dégradation qui lui est imposée. Mais quel est le peuple qui consentira à subir le joug, s'il possède le moindre moyen de se défendre contre ses injustes agresseurs?

Les démarches, les dépêches, les notes qui sont employées dans l'intervention diplomatique, doivent, autant que possible, être tenues secrètes par l'intervenant. Dans l'état actuel des mœurs politiques, cette condition est sans doute très-difficile à remplir, et cette circonstance même entrave beaucoup l'efficacité de l'action diplomatique. Presque tous les gouvernements constitutionels, et surtout certains d'entre eux, ont pris l'habitude de publier tous les documents diplomatiques; il arrive même quelquefois que la presse périodique livre à la curiosité de ses lecteurs le contenu de dépêches avant qu'elles aient été remises au ministre auquel elles sont adressées. Ces procédés ne peuvent que nuire essentiellement au succès de l'intervention morale. Tel cabinet accepterait volontiers les moyens de pacification qui lui sont proposés, si les autres nations ignoraient qu'ils lui ont été suggérés par un étranger, s'il pouvait paraître les avoir trouvés lui-même, qui les repousse d'une manière péremptoire par ce seul motif que tout le monde sait qu'ils ont été proposés par tel ou tel peuple; parce qu'il craint de paraître céder à des influences étrangères ou peut-être à la peur d'une rupture. Mais il faut se conformer aux usages de notre époque. Cependant il existe un moyen de ménager beaucoup l'amour-propre et les justes susceptibilités du Gouvernement auquel les conseils sont adressés: c'est de lui laisser l'initiative de la publication des documents. De cette manière, il ne peut pas se plaindre d'un mauvais procédé, et il est toujours libre de prendre sa décision avant de faire connaître à tout le monde les conseils qu'il a reçus de ses amis. Ce moyen nous paraît le meilleur pour assurer autant que possible l'efficacité de l'intervention morale. C'est ainsi que la France a tout récemment agi à l'égard des États-Unis. Lorsque l'arrestation des commissaires de la confédération du Sud, opérée à bord d'un bâtiment anglais, *le Trent*, menaçait d'amener un conflit entre les États du Nord et la Grande-Bretagne, M. Thouvenel, alors ministre des affaires étrangères à Paris, écrivit au gouvernement de Washington pour lui faire connaître son opinion sur cette grave affaire et lui donner de sages conseils. Cette dépêche ne fut connue en France que par les journaux américains. La même discrétion fut gardée dans les deux tentatives d'intervention diplomatique faites par le cabinet français pour mettre fin à la guerre des États-Unis. Il existe, il est vrai, certaines constitutions qui autorisent les représentants de la nation à demander la communication des actes internationaux; c'est ce qui a lieu notamment en Angleterre. Mais dans tous ces pays, et surtout dans la Grande-Bretagne, les ministres usent parfaitement du droit, qu'ils ont toujours, de refuser de publier les actes relatifs aux négociations encore pendantes, et aussi ceux dont la divulgation pourrait nuire au succès de l'action gouvernementale. Avec cette faculté il est facile au cabinet intervenant de ne pas prendre l'initiative de la publication des documents.

Outre ces conditions de modération, de prudence et, autant que possible, de secret, l'action diplomatique, pour remplir son but, doit avoir et conserver une liberté complète et absolue; c'est une condition essentielle de succès. Que doit-on donc penser de ces articles de journaux qui chaque jour entretiennent leurs lecteurs des questions internationales pendantes, et répandent ainsi quotidiennement des opinions plus ou moins erronées, plus ou moins dangereuses et contraires au but des négociations suivies par le Gouvernement? Ces articles, toujours rédigés dans l'esprit exclusif d'un parti politique, et souvent par des hommes complétement étrangers aux lois et aux usages internationaux, sont jetés chaque jour à des lecteurs nombreux et parfaitement hors d'état de juger, d'apprécier les graves erreurs qu'ils contiennent, et les conséquences plus graves encore qu'entraînerait l'adoption des mesures proposées par la feuille, où il puisent des opinions qu'ils croient et qu'ils doivent croire éclairées et sincères. C'est ainsi que les journaux de certain parti ne cessent de prêcher la nécessité pour la France de courir aux armes pour aller au secours de la Pologne révoltée contre la Russie; et cependant ces mêmes journaux ne se lassent pas de réclamer des économies sur les dépenses, la diminution des impôts, la réduction du contingent militaire annuel. Une guerre européenne, comme celle qu'ils appellent de leurs vœux, serait un moyen peu efficace d'arriver à la réalisation de leur programme politique intérieur. Il est évident que cette action de la presse nuit essentiellement au succès des négociations diplomatiques.

Il en est de même de ces assemblées populaires, de ces meetings qui, chez certains peuples sont représentés, fort mal à propos, comme l'expression la plus exacte de l'opinion publique. Ces manifestations tumultueuses, dans lesquelles quelques individus, s'attribuant les rôles de président et d'orateur, entraînent facilement une foule ignorante et incapable de comprendre les questions posées, ne montrent nullement l'opinion d'un pays; tout ce qu'elles peuvent établir, c'est la fougue et quelquefois le talent du tribun qui a pris la parole pour étourdir les assistants et la manière de voir du bureau dirigeant. Mais si elles ne prouvent rien, ces réunions peuvent faire le plus grand mal à la nation même qui veut s'en servir comme d'un levier pour peser sur les destinées des autres peuples. Certains gouvernements, en très-petit nombre, sont assez forts pour résister à ces clameurs; il y en a même qui les provoquent pour les faire servir à leurs desseins occultes, et alors qu'ils sont bien résolus à ne pas s'aventurer dans la voie qu'ils se font tracer par ce qu'ils appellent l'opinion publique ; mais il en est d'autres qui, malgré tous leurs efforts, peuvent se trouver entraînés par le courant populaire, et forcés de prendre des résolutions fatales peut-être pour leur propre existence. Dans tous les cas il est impossible que l'action régulière des négociations diplomatiques ne soit pas troublée par des manifestations de cette nature, qui ont nécessairement une influence désastreuse sur les peuples intéressés dans la question, en leur faisant croire qu'ils peuvent compter sur l'appui ou craindre le ressentiment de la nation où elles ont lieu.

Un meeting monstre, composé de dix ou vingt mille individus (ce sont toujours les membres du bureau qui font les calculs), est tenu à Londres ou dans quelque autre grande ville d'Angleterre ; il est présidé par le maire, par un membre du parlement ou par quelque autre personnage plus ou moins officiel ; les orateurs sont également des députés ou des fonctionnaires publics. Sur leur proposition on vote des vœux en faveur des Polonais, des souscriptions pour les Polonais, des secours aux Polonais, des adresses à la reine, ou à son Gouvernement, ou au parlement pour que l'on prenne les armes immédiatement pour secourir l'héroïque nation polonaise, et que l'on déclare la guerre à la Russie afin d'assurer l'émancipation de ce peuple de martyrs. Ces bruyantes manifestations n'empêcheront pas les ministres anglais de déclarer qu'ils n'interviendront pas dans les affaires de la Pologne ; qu'il leur suffit d'avoir constaté que la Grande-Bretagne avait le droit d'intervenir, mais qu'elle n'y était pas obligée. Le Gouvernement est assez fort pour ne pas se laisser entraîner. Mais quel effet devront produire ces meetings en Russie et en Pologne ? Il est possible que le czar, qui connaît la portée réelle de ces assemblées et de leurs décisions, qui d'ailleurs sait, autant qu'il est possible de le savoir, quelles sont les intentions du Gouvernement britannique, ne se trouve pas blessé des injures et des calomnies qu'on lui prodigue dans ces circonstances ; et il a certainement raison d'agir ainsi. Mais le peuple n'a pas les mêmes facilités pour apprécier la valeur de tous ces cris ; il est porté à penser qu'ils sont l'expression fidèle de l'opinion du pays où ils sont proférés. Les sujets restés soumis à leur souverain peuvent être ou découragés par ces menaces ou exaspérés par cette action étrangère qui vient peser sur leur destinée ; les sujets révoltés, au contraire, doivent penser, comme leurs chefs ne manquent pas de l'affirmer, que la nation qui se montre si pleine de sympathie pour leur cause va bientôt venir à leur secours. Ils trouvent donc dans ces faits une excitation à courir aux armes avec une nouvelle ardeur, pour aller tomber sur les champs de bataille. En présence de ce redoublement d'intensité de la révolte, dont il ne peut ignorer la cause, il est possible que le Gouvernement se trouve dans la nécessité de prendre des moyens plus énergiques encore pour comprimer ses ennemis. Il est bien difficile que le souverain écoute avec faveur les conseils donnés par les États où se produisent contre lui de pareilles manifestations. Elles sont d'ailleurs parfaitement inutiles à ceux en faveur de qui elles sont faites. Qu'importent aux Polonais les belles phrases, les beaux sentiments proclamés sur les bords de la Tamise, ou les clameurs des Italiens! Ils ne peuvent les aider; ils les plongent de plus en plus dans l'abîme des maux dont ils n'ont déjà que trop souffert. Le comité polonais de 1831 disait avec une grande raison que ces beaux sentiments si magnifiquement proclamés avaient beaucoup contribué aux malheurs de la patrie.

Ces manifestations ne peuvent être bonnes et utiles que comme des avant-coureurs de l'intervention matérielle, ou comme moyen politique de ruiner un pays, sans paraître l'attaquer. Un Gouvernement a un puissant intérêt à détourner l'attention d'une autre nation d'un certain point où il veut pouvoir agir sans contrôle, à occuper les forces de cette nation dans un lieu éloigné de celui où il veut lui-même faire prévaloir son influence ou dont il désire s'emparer; il fomente la révolte des sujets de l'État redouté; puis, pour prolonger et augmenter cette rébellion, il emploie les meetings, les réunions populaires, qui remplissent parfaitement son but, en attirant l'attention et en occupant les forces de son rival loin du lieu où un conflit aurait été possible sans cette habile mais perfide combinaison. Les excitations de cette nature peuvent aussi avoir une utilité pour une nation qui, décidée à intervenir matériellement dans les affaires intérieures d'un peuple étranger, mais ne voulant pas se déclarer tout de suite officiellement, cherche, pendant qu'elle fait ses préparatifs, à soutenir le zèle de la faction dont elle veut devenir l'alliée et à lui donner toute la force, tout l'élan qu'elle peut acquérir, afin de trouver au moment décisif un auxiliaire plus puissant, un succès plus rapide. Dans ces deux cas, les seuls dans lesquels l'explosion de la prétendue opinion publique peut avoir une efficacité réelle, nous devons faire remarquer qu'elle rentre dans la classe des menaces et constitue un commencement d'intervention matérielle.

Les mêmes reproches peuvent être adressés aux discussions parlementaires, alors même que les orateurs n'abusent pas de la liberté de la tribune, comme cela arrive trop souvent, pour calomnier, insulter même le parti qui a le malheur de ne pas avoir leurs sympathies. Ces discours sont beaucoup plus nuisibles qu'utiles à ceux mêmes qu'ils veulent favoriser. C'est ce que proclamait naguère au sein de l'une de nos assemblées le ministre qui était chargé de défendre la politique du Gouvernement, et qui le fit avec un talent et une habileté qui lui ont valu un témoignage officiel de la haute satisfaction du souverain (1).

Tous ces éclats de la presse, des réunions populaires, des assemblées délibérantes, plus ou moins bruyants, plus ou moins publics, n'ont donc rien de commun avec ce qui est toujours le droit et quelquefois le devoir des Gouvernements, avec l'intervention diplomatique, dont elles gênent et paralysent plus ou moins l'action normale et légitime. En admettant que l'empereur de Russie n'ait éprouvé aucune irritation à cause des calomnies qui lui ont été prodiguées dans ces occasions, il est constant que ces manifestations n'ont pu réussir à l'effrayer au point de le porter à céder, et encore moins à le disposer favorablement en faveur des révoltés. Il n'est pas moins assuré que tout ce bruit a contribué à développer le feu de l'insurrection et l'inimitié déjà trop profonde qui existait entre les deux peuples.

Les moyens sur lesquels l'intervention morale doit surtout s'appuyer sont l'humanité, les devoirs de celui auprès duquel elle est employée, le respect et l'exécution loyale des traités obligatoires, les intérêts généraux, les intérêts privés de la nation. L'intervenant doit, autant que possible, se mettre en dehors et ne jamais rien demander pour lui. En ce moment même deux graves révoltes peuvent appeler toute la sollicitude des puissances européennes : celle de la Pologne et celle des États confédérés du Sud ; nous les plaçons ensemble, bien qu'à nos yeux les deux causes soient essentiellement différentes, parce que l'une et l'autre appellent l'attention bienveillante des peuples civilisés. Les démarches

(1) Voyez au *Moniteur* le discours de M. Billaut, ministre sans portefeuille, au sénat, séance du 20 mars 1863.

faites et à faire doivent s'appuyer sur les bases que nous venons d'indiquer. On peut montrer à la Russie combien il est contraire à l'humanité de verser le sang humain dans les combats partiels, qui coûtent peut être autant de soldats à l'armée impériale que d'hommes aux rebelles. On peut insister sur les procédés contraires aux lois de la guerre qui, trop souvent, s'il faut en croire les récits qui nous parviennent, sont employés par les deux partis. Il est facile de lui montrer que le devoir d'un souverain est de tenir les promesses faites à ses sujets, soit par lui-même, soit par ses prédécesseurs, et que par conséquent il doit octroyer aux Polonais la constitution promise par les traités, et surtout par les proclamations de son oncle et prédécesseur l'empereur Alexandre Ier; qu'alors même qu'il pourrait se croire dégagé de ces engagements par la révolte de 1831, il serait encore de son devoir d'agir avec clémence envers un peuple qui, après avoir longtemps joui de son indépendance, a été soumis par la force; que cette conduite serait parfaitement conforme aux intérêts généraux de l'Europe, dont la tranquillité est sans cesse menacée, lorsque quelques-uns des États qui la composent sont en lutte soit avec leurs voisins, soit avec leurs propres sujets; que d'ailleurs le feu de la rébellion pourrait s'étendre aux provinces polonaises de la Prusse et de l'Autriche, jeter une perturbation complète dans les rapports des nations et menacer l'équilibre général. L'intérêt de la Russie exige qu'elle éteigne le plus promptement possible une révolte qui exige l'emploi d'une partie très-considérable de son armée, absorbe toutes ses ressources financières, sans aucun résultat utile, et la force à négliger les faits de la plus haute importance qui se passent sur les frontières asiatiques de l'empire. Si cette plaie terrible était définitivement fermée, l'empereur pourrait consacrer tous ses soins, toutes ses ressources, à l'achèvement des améliorations intérieures si noblement commencées, à la civilisation de ses peuples, et même à surveiller des voisins habiles, qui peuvent profiter de ses préoccupations actuelles pour attaquer son influence et son empire peut-être dans les régions éloignées du centre de ses États. Ces considérations, présentées amicalement, avec prudence, par des puissances dont les intentions ne sont pas suspectes, ne peuvent pas manquer d'exercer une salutaire influence sur les déterminations du souverain. Cette influence sera d'autant plus grande, d'autant plus efficace, qu'un plus grand nombre de nations auront fait des représentations dans le même sens, en les appuyant sur les mêmes motifs. C'est ce qui est arrivé à l'occasion de l'insurrection polonaise : le plus grand nombre des peuples européens ont cru devoir s'adresser au Gouvernement de Saint-Pétersbourg pour l'engager à mettre un terme prochain à cette sanglante lutte (1).

Les mêmes considérations d'humanité, d'intérêt général et privé, peuvent être employées par la diplomatie auprès des États-Unis d'Amérique. Notre siècle n'a pas été témoin d'une seule guerre dans laquelle les usages des peuples civilisés, les lois même les plus vulgaires de l'humanité, aient été si souvent et si complétement violés, que dans celle qui désole aujourd'hui le territoire de la ci-devant république unie. Les États du Nord, qui naguère encore demandaient que l'on déclarât inviolable pour l'ennemi la propriété privée à la mer, comme cela avait lieu, disaient-ils, sur terre, se sont montrés les plus violents des belligérants modernes, pillant, emportant tout ce qui pouvait se transporter; ravageant, anéantissant ce qu'ils ne pouvaient pas appliquer à leur usage immédiat; rompant les digues; inondant des contrées immenses, les ruinant pour de longues années; enfin décrétant officiellement et par une loi la confiscation des propriétés immobilières même de leurs ennemis; expulsant de la maison paternelle les vieillards, les femmes et les enfants, pour les punir du crime prétendu reproché à l'un des membres de la famille. Certes, ils ont bien prouvé que dans les guerres terrestres les propriétés ennemies n'étaient pas à l'abri des suites de la conquête; et sans doute, ils ne viendront plus demander pour leurs navires les privilèges des propriétés continentales. L'intérêt privé des États-Unis est très-gravement compromis par la lutte acharnée qu'ils poursuivent avec une si aveugle ardeur depuis plus de deux ans. Ce pays, dont la dette publique existait à peine en 1860, l'a vue s'augmenter de sept milliards de francs dans ce court espace de temps. Dans cette république, qui regardait les armées permanentes comme des menaces contre la liberté, et qui se faisait gloire de n'avoir que trente ou trente-cinq hommes sous les drapeaux, des millions d'hommes ont été arrachés aux travaux productifs de la paix pour marcher au combat. Un nombre immense a succombé sous le fer et le feu de l'en-

(1) La réponse russe, bien que repoussant les démarches faites, n'est pas définitive, peut-être. Il faut insister encore et s'appuyer sur ces diverses considérations.

nemi, et surtout sous l'influence des fatigues inséparables d'une pareille guerre et des maladies si fréquentes et si terribles dans ces contrées. Dans un pays si fier de jouir d'une liberté sans limites, la dictature militaire a remplacé le régime légal ; des lettres de cachet, aujourd'hui inconnues des Gouvernements les plus despotiques, frappent les citoyens soupçonnés de n'être pas partisans assez chauds de la guerre à outrance. Enfin on chercherait en vain à se dissimuler les conséquences nécessaires, fatales en quelque sorte, de ce régime nouveau. Les chefs militaires, habitués à un commandement absolu et sans contrôle, à regarder les libertés civiles comme leurs jouets, seront peu propres à redevenir des citoyens paisibles et soumis aux lois égalitaires de la république. En effet, les intérêts matériels des États-Unis et leur avenir politique sont également menacés par la prolongation de la lutte. Si l'action amicale de l'Europe pouvait les amener à y mettre fin, elle serait aussi légitime dans son objet que bienfaisante dans ses résultats.

L'intervention morale peut employer plusieurs moyens pour arriver au but qu'elle se propose. Nous les avons déjà indiqués : ce sont principalement les représentations, le rappel à l'exécution des traités et au respect de la loi internationale, et la médiation directe ou indirecte. Le dernier moyen, le seul dont nous n'ayons pas parlé jusqu'ici, est très-délicat, nous dirons même dangereux. Il exige les plus grandes précautions, et réussit rarement lorsque l'intervenant lui-même se propose pour arbitre. Il est, en effet, difficile que la partie à laquelle cette ouverture est faite ne suppose pas un intérêt matériel à celui qui offre ainsi ses propres services ; ce soupçon conduit nécessairement au rejet de la proposition. D'un autre côté, la nation qui a cru devoir faire une tentative de cette nature ne peut guère ne pas être blessée de la voir repoussée ; de ce double mécontentement il peut résulter entre les deux parties une grande froideur diplomatique ou même une rupture complète. L'offre d'avoir recours à une médiation en laissant aux parties le choix de l'arbitre est beaucoup moins dangereuse, mais elle est encore très-difficile, parce qu'elle demande l'assentiment des deux parties intéressées. Cependant c'est un moyen qui, employé avec prudence, peut donner de bons résultats. L'année qui vient de s'écouler nous offre un exemple bien remarquable de la manière dont il faut pratiquer l'intervention diplomatique en général, et spécialement l'offre de médiation. Bien que cette tentative n'ait pas réussi, elle n'a pu laisser aucune froideur entre son auteur et le peuple auquel elle s'adressait.

Désirant faire cesser la lutte terrible entre les fédéraux et les confédérés, l'empereur des Français crut devoir employer la voie de l'intervention diplomatique; pour rendre son action plus sûre, il demanda le concours des Gouvernements anglais et russe. Tous les deux refusèrent de s'associer à cette démarche. La France la fit seule; elle adressa au cabinet de Washington un projet de médiation par un tiers dont le choix était laissé aux intéressés. Cette offre amicale fut repoussée; mais elle avait été faite avec une telle habileté qu'elle n'amena aucune complication entre les deux nations. D'ailleurs, comme le faisait observer le ministre français dans sa dépêche aux ambassadeurs à Londres et à Saint-Pétersbourg : « Même en demeurant sans résultat immédiat, ces « ouvertures ne resteraient peut-être pas entièrement inutiles, car « elles pourraient encourager le mouvement des esprits vers les idées « de conciliation, et contribuer ainsi à hâter le moment où le retour de « la paix serait possible (1). » Nous ne pensons pas que le refus de l'Angleterre de concourir à la démarche française ait rendu le nom britannique plus populaire à Washington ou à Richmont. Mais ce n'était sans doute pas la popularité que recherchait à ce moment lord John Russell, il avait probablement d'autres motifs pour agir de cette manière. Au reste, nous sommes convaincu que les prévisions de M. Drouyn de Lhuys se sont réalisées, et que la tentative faite par la France a puissamment aidé à la formation et au développement du parti de la paix, qui signale chaque jour plus hautement son existence dans les États fédéraux et notamment à New-York. Depuis, et croyant le moment plus opportun, la France a fait une seconde démarche auprès du Gouvernement américain, mais sans plus de succès. Le sénat de Washington a même dans cette circonstance dépassé les bornes de ses attributions politiques en repoussant cette démarche d'une manière presque inconvenante, en menaçant de rompre les relations diplomatiques avec les peuples qui se permettraient de faire de semblables ouvertures (2); mais la population américaine ne semble pas partager l'esprit, trop belliqueux sans doute, de ses sénateurs.

(1) Dépêche de M. Drouyn de Lhys du 30 octobre 1862.

(2) Voyez Déclaration du Sénat de Washington.

La France, l'Autriche, l'Angleterre, et presque tous les États de l'Europe, sont en ce moment engagés dans une intervention diplomatique dans le but de pacifier la Pologne. Quoiqu'elle soit souvent paralysée par la presse, par les réunions populaires et par les débats parlementaires, nous espérons que cette action atteindra le but que se proposent ses auteurs, et arrivera à donner la paix aux deux partis et la sécurité à l'Europe entière.

En résumé, chaque nation est complétement indépendante de toutes les autres nations, sans exception. Les actes extérieurs par elle accomplis peuvent être contrôlés, blâmés par les peuples auxquels ils sont nuisibles ; chacun d'eux a le droit de s'opposer à ces actes, même par la force, même par la guerre, et d'exiger la réparation du dommage par lui éprouvé. Il n'y a dans ce fait aucune intervention, il y a seulement l'exercice de l'indépendance du peuple qui se croit lésé. Mais lorsqu'il s'agit d'actes intérieurs, qui par conséquent ne peuvent blesser aucun autre État par leurs suites directes et immédiates, aucun souverain, même lorsqu'il serait atteint par leurs suites indirectes et médiates, ne doit s'opposer à ces actes. Nulle nation n'a le droit de se mêler des affaires d'un autre peuple, ni de demander un changement quelconque dans les lois, les usages, le gouvernement, la religion, etc., de l'un de ses voisins. Elle ne peut davantage se joindre à des rebelles, à des mécontents, fomenter des révoltes, des soulèvements, etc., sans se rendre coupable d'une intervention matérielle, d'une violation du principe de non-intervention, principe absolu, et qui n'admet aucune exception.

L'intervention morale ou diplomatique est toujours permise dans les conditions où nous l'avons définie, dans certains cas elle devient même un devoir ; mais elle doit conserver avec le plus grand soin son caractère purement moral et diplomatique, et ne peut jamais, même lorsqu'elle a été mal accueillie, servir de prétexte à l'intervention matérielle, qui reste toujours, dans tous les cas et sans aucune exception, un des plus grands crimes internationaux.

Si nous faisons l'application de ces principes tutélaires de la liberté et de l'indépendance des sociétés humaines aux deux grandes questions qui aujourd'hui préoccupent le monde entier, à la révolte des Polonais et à la séparation de la grande république américaine en deux républiques indépendantes, il nous est facile d'en déduire la règle de conduite que doivent suivre les grandes puissances. Dans les deux cas, il y a lieu, pour arrêter l'effusion inutile du sang humain et pour rendre des services réellement amicaux à tous les partis, d'employer l'intervention morale ou diplomatique. C'est un devoir pour tous les peuples, et pour les Français surtout, de faire dans cette voie tous les efforts possibles pour arriver à pacifier ces deux malheureux pays, sans se laisser rebuter par des refus même inconvenants et en restant toujours amis également dévoués des partis opposés. Mais, quel que soit le résultat de cette action, conforme aux lois divines et humaines, et alors même que tous les efforts tentés resteraient complétement infructueux, le devoir de tous les États, sans exception, est de s'abstenir de toute intervention matérielle. Ce devoir est impérieux, il résulte de la loi internationale et ne peut être violé sans porter une atteinte terrible à la liberté et à l'indépendance de tous les peuples du monde, car tous sont solidaires les uns des autres, et le principe violé aujourd'hui contre la Russie pourrait l'être demain contre la France ou contre tout autre État indépendant. Cette règle de conduite est d'ailleurs complétement d'accord avec l'intérêt de toutes les nations. Supposons un instant que quelques peuples prennent les armes en faveur des Polonais, la Prusse prendra certainement parti pour la Russie, quelques autres nations suivront sans doute son exemple, d'autres se rangeront du côté des violateurs du principe de non-intervention. L'Europe sera livrée aux horreurs et aux hasards d'une guerre générale, elle sera couverte du sang de vingt peuples différents pour éviter l'effusion du sang polonais ; tous les intérêts de l'ancien monde seront bouleversés pour redresser les griefs dont se plaignent des sujets du czar. Une pareille lutte ne serait profitable à aucun des peuples qui y prendraient part, aux Polonais peut-être moins encore qu'aux autres. Elle ne pourrait être avantageuse qu'à ceux qui, gardant la neutralité, pourraient tirer parti, pour leur commerce et pour leur puissance, de l'épuisement des autres. L'Angleterre donne un exemple qu'il est bon d'imiter : elle se contente, comme le disait un de ses journaux les plus autorisés, de chercher un peuple plus hardi pour ouvrir la campagne; tandis qu'elle ne veut risquer ni un homme ni un shilling pour le triomphe de cette cause étrangère.

Nous faisons des vœux pour que ce principe tutélaire presque toujours méconnu, cette sauvegarde de l'indépendance des nations, soit désormais appliqué sincèrement, loyalement, par les États les plus puissants, parce qu'alors il le sera par tous les autres. Que la France donne l'exemple de cette généreuse innovation; qu'elle respecte la liberté de tous les peuples sans exception, en s'abstenant d'intervenir par la force dans les affaires intérieures. Cette preuve d'équité et de modération assurera à ses conseils une autorité bienveillante plus efficace que les menaces. Elle continuera à faire entendre sa voix amie aux Gouvernements en faveur de ceux qui souffrent, elle réclamera pour ceux qui sont opprimés, elle fera de nobles efforts pour arrêter l'effusion du sang humain injustement ou inutilement répandu. L'empereur continuera l'action diplomatique si noblement commencée en faveur de la Pologne; il reprendra, lorsque les circonstances lui paraîtront favorables, celle qu'il avait entreprise en Amérique. Cette action pacifique, toute de justice et de bienfaisance, contribuera beaucoup plus à étendre l'influence de la France sur les autres peuples qu'une guerre qui coûterait la vie à des milliers d'hommes, sans profit probable pour la cause qu'on veut servir et avec d'immenses dangers pour l'Europe entière.

FIN.

6488 — Paris, imprimerie Jouaust et fils, rue Saint Honoré, 338.

www.ingramcontent.com/pod-product-compliance
Ingram Content Group UK Ltd.
Pitfield, Milton Keynes, MK11 3LW, UK
UKHW020416180726
13839UKWH00003B/1326

9 782329 463278